主要针对有强烈提升企业价值和绩效的中国企业
努力为他们梳理和导引一条最简单的管理会计应用、
为广大财务会计业务从业者开拓一条属于自己的，更加广阔的职业、提升之路。

管理会计驱动
企业价值创造

—— 盈利要素和路径 ——

李会军 编著

- 赚钱的重点——是管理会计的基本概念和基本方法
- 赚钱公式重点——是管理会计对企业战略和运营管理的综合应用
- 决策基础重点——是管理会计辅助有效决策
- 分钱游戏重点——是管理会计促进价值激励
- 共享经济重点——是管理会计促进产业链上下游的充分协作

经济管理出版社
ECONOMY & MANAGEMENT PUBLISHING HOUSE

图书在版编目（CIP）数据

管理会计驱动企业价值创造——盈利要素和路径/李会军编著. —北京：经济管理出版社，2016.12

ISBN 978-7-5096-4667-0

Ⅰ. ①管… Ⅱ. ①李… Ⅲ. ①管理会计 Ⅳ. ①F234.3

中国版本图书馆 CIP 数据核字（2016）第 241848 号

组稿编辑：杨国强
责任编辑：杨国强　张瑞军
责任印制：黄章平
责任校对：赵天宇

出版发行：经济管理出版社
　　　　　（北京市海淀区北蜂窝 8 号中雅大厦 A 座 11 层　100038）
网　　址：www. E-mp. com. cn
电　　话：(010) 51915602
印　　刷：三河市文阁印刷有限公司
经　　销：新华书店
开　　本：720mm×1000mm/16
印　　张：15.25
字　　数：216 千字
版　　次：2017 年 1 月第 1 版　　2017 年 1 月第 1 次印刷
书　　号：ISBN 978-7-5096-4667-0
定　　价：48.00 元

前　言

还记得 6 年前（2010 年）的一个场景，那时笔者刚刚从东风汽车公司离职，作为长沙工信委主办的"十百千管理升级擂台赛"教练组组长为区域小巨人企业进行管理升级服务。

在为一家企业服务时，笔者提出要看一看企业的财务会计报表，没有想到，财务总监根本未请示老板就直接拿了过来。当笔者看到报表时，笔者的些许莫名惊讶霎时灰飞烟灭了。这是一个什么财务报表啊？笔者后来定义为一张谁也看不懂的报表，因为这是一张只有几个结果数字的报表，如利润表上面的科目只有主营业务收入、主营业务成本、三大费用、利润……

笔者随后拿着这张报表问老板，这张表您能够看出点什么？老板说，反正我也看不懂，我只是每个月后问问财务这个月赚钱了吗，赚了多少，仅此而已。

这件事情对笔者的触动很大，笔者难以想象中国的民营企业（还是销售收入 2 亿元左右的区域小巨人企业）依旧停留在这样的管理水平上，赚不赚钱都不清楚，赚钱了也不知道怎么赚的，亏钱了也不知道怎么亏的。

在随后近 3 年的服务 100 多家小巨人企业（湖南区域）管理升级实践中，笔者越发感受到，这几乎是一个普遍现象，不只是企业老板，甚至于很多企业财务会计的专业人士都搞不太清楚财务的功能除了算账、记账之外，还有什么作用，而且，即使是算账，真的就能算清楚了吗？

这种感受实际上需要回溯到 2004 年，在东风汽车公司与日产汽车公司刚刚合资成立为中国最大的中外合资企业不到 1 年的时间，当时笔者担任一家核心动力总成子公司的 QCD 改善管理部部长，负责向东风内部导入日产生产方式并对部门进行评价考核。因为导入日产生产方式要从财务指标开始，而且评价考核要用到财务指标，笔者必须向财务部门领导和专家学习请教，而当时，日产专家也在财务系统全面导入管理会计。虽然笔者当时未完全掌握管理会计，但对变动成本、半变动成本、固定成本费用等概念，对百分比、单位成本等应用，对相关部门责、权、利的区分有充分的理解，对财务指标的管理（经营）指标化有了深入体会和进行了应用实践，当时笔者便提出了数字化、图表化、目视化和标准化的应用原则。

到了 2007 年，笔者开始在该子公司分管经营管理工作，其中分管的一个部门是财务部，还有其他管理部门如人力资源、IS、行政部门等。当年，除了日常工作不断加深对管理会计应用的理解外，东风启动了自主编制 2^3 事业计划（备注：2008~2012四年战略）的历程，笔者作为子公司战略编制项目负责人和总部"备受信赖"分课题研讨的促进者，对管理会计的体会更加深刻。如，在一次与其他子公司战略编制负责人讨论营销定价原则时，总部事业计划（注：事业计划是东风汽车公司对战略的称谓）部门负责人讲，"超过保本点，变动成本边际贡献全是净利"，所以可以对某些"瘦狗产品"实施无利润（但要高过单位变动成本）定价……当时，笔者还不能完全理解，但这深深激发了笔者对管理会计应用实践的热情，使笔者有意识地运用管理会计于企业战略制订、运营管理、经营决策、评价激励等环节，使自己在这些环节中产生了一些独特甚至独到的见解、方法和实践，并产生了很好的经营绩效。

正是因为这种从"门外汉"开始的学习经历和深刻体会，中小企业管理现状对笔者的触动触发，使笔者感觉到一定要将东风与日产合资后导入的管理会计方法和体系中国化，能够结合中国中小民营企业的财务和经营管理现状、现实进行优化、简化的实践。也正因为如此，笔者针对这个领域进行了很多有益的探索、实证、实践。

2年后（2012年底），当笔者作为A股一家上市公司的管理顾问时，笔者发现这家上市15年以上的集团性质的大型公司也在用同样的财务报表进行信息披露和内部经营管理，这真的可以说让笔者感到震惊。

笔者用了大概一个季度的时间，从子公司建立管理会计体系开始，建立子公司经营管理体系，在此基础上建立总部的管理会计和经营管理体系，为这家上市公司的经营绩效改善和突破打下了坚实基础。

在5年多的管理咨询和顾问、作为企业主要负责人的管理和服务实践中，笔者总会用管理会计应用打"头阵"，在每次实践过程中，笔者越来越感受到，管理会计是一个企业经营业绩提升和管理改善的基础。通过为每家企业量身定制管理会计体系，就可以基于此建立企业的经营管理体系、全价值链激励体系，并在此基础上辅助领导决策，为企业的价值创造和业绩提升打下坚实的基础。作为一个个企业超出预期的业绩创造的参与者、亲历者和促进者，笔者不禁惊叹，一个简单的管理会计体系导入企业会产生非常巨大的链式反应和化学反应，会潜移默化地"裂变"出超出预想的巨大的能量和绩效。

换个角度而言，企业建立管理会计体系，会在很大程度上明确"赚钱"的法门，知道了"赚钱"为什么赚，"亏钱"为什么亏；知道了更加有效"赚钱"的路径和方法；知道了亏钱的相关陷阱，从而能够做到有效规避。

当很多机构聘请笔者去自拟定题目演讲分享时，笔者习惯于将管理会计作为主题的前奏，如《管理会计和有效激励》、《管理会计和有效决策》、《管理会计和企业创造价值的六大机会》等。

在一次演讲之后，一位咨询界的同行和几位企业家建议笔者写一本关于企业能够通俗地学习、导入和应用管理会计的书（或者是应用手册），通俗易懂，使看不太懂财务报表的企业家和中高级管理者会使用管理会计辅助决策、促进价值创造和进行有效的价值激励。

在经过一段时间的思考后，笔者觉得这个建议可以尝试一下，因为：

（1）笔者这个压根没有正规学习过会计的门外汉写的书一定是以"用"为主的通俗读本，是一个门外汉可以看懂、学会的"通俗演义"。

（2）笔者在这个过程中也正好可以将自己如何从一个"理工男"角度学习和应用管理会计作一次呈现，为非会计专业的老板和管理者学习、应用管理会计作一次现身说法。

（3）因为有服务200多家企业的实践经验，笔者会将不同类型、不同行业、不同阶段企业成功实践作为案例呈现书中，为读者理解、学习和应用打下基础。

本书并不探求管理会计的理论深度和广度，主要针对有强烈提升企业价值和绩效的中国企业家，努力为他们梳理和导引一条最简单的管理会计应用、实践路径。

为了使内容通俗易懂，本书使用了大量案例，并试图使用更加口语式的语言表达方式，与传统财务会计专业人士的表达可能在某些环节和术语上并不完全一致；本书也试图对一些关键术语和关键困惑点进行通俗的解析，以满足企业老板和非专业人士进一步掌握和提升的需要。

同时，本书也可以为管理咨询行业的同仁提供一种更好的服务企业的思路和视角。毕竟，中国的管理实践必须依靠中国管理学界的同仁们共同实践、共同创造适合中国特色的管理实践方法论。

本书希望针对性服务到努力提升自己并向经营管理转型的广大财务会计业务领导和人员，通过将传统财务会计知识与管理应用的结合，应该会为广大财务会计业务从业者开拓一条属于自己的，更加广阔的职业生涯拓展、提升之路。

本书共分五章二十四节，每一章都有一个主题：

第一章，何为赚钱的重点是管理会计的基本概念和基本方法，应用环节关键在于将变动成本和固定成本（费用）分开，变动成本进行相对数字（百分比和单位成本）管理，固定成本（费用）进行绝对数字管理，在此基础上按照年度、季度、月度进行趋势排布和可视化的趋势管理，从而有效实现会计数字应用于管理。

第二章，赚钱公式重点是管理会计对企业战略和运营管理的综合应用——杜邦分析，了解什么是企业价值，了解企业价值创造是管理会计的核心目的，将利润报表、现金流量表和资产负债表三表合一，从而通过有效分析明确企业价值创造的六大机会和路径，为有效决策和实施战略管理、经营管理打下基础。

第三章，决策基础重点是管理会计如何辅助有效决策，通过百分比和单位成本的趋势管理，通过对管理层直觉判断和决策的逻辑验证，通过价值创造的有效决策进而优化和重构内部价值链，并通过将有效决策转化为预算和经营管理体系明确、分解和落实企业创造价值的机会。

第四章，分钱游戏重点是管理会计促进价值激励，按照创造价值、分享价值的原则，以增量法而非目标法进行激励政策设计和运用，充分建立激发意愿和能力的管理机制及生态环境。

第五章，共享经济重点是管理会计促进产业链上下游的充分协作，通过管理会计的有效核算，促进管理层树立产业链协作意识，建立多赢的交易结构，促进企业在大的产业分工中发挥更大的作用，从而有效促进企业创造更大的经济价值、社会价值，实现做强、做大。

这五章内容有一定的递进关系，从管理会计的基本概念和基本方法开始，到通过管理会计发掘企业价值创造的六大机会，进而到通过管理会计辅助和支撑企业有效决策、价值激励和产业链协作。

需要向读者明确的是，管理会计并不复杂，但也绝不简单，且绝对不能生搬硬套，其中有很多知识和实践需要各行各业老板和会计从业者一起实践和探索，结合自身实际进行量身定制，本书只是起到一个抛砖引玉的作用。

本书引用了彼得·德鲁克和其他国内外管理大师及专家的经典论述、成果，希望能够结合经典管理理论与中国管理实践做一次有效的结合或印证式诠释，也权作为国际先进管理理论中国化实践的一次呈现。

本书使用了笔者帮扶企业的诸多案例，引用了部分书本或其他实践者的案例，因为可能涉及隐私或机密，所以笔者对绝大多数案例进行了相应处理。首先是争取不出现该企业或当事人所在的具体行业、地域或企业名称。其次是将相关事件的一些核心关键环节，特别是可能涉及核心商业机密的环节进行了模糊处理，只突出管理会计思维、方法、工具对过程和结果的应用情况。最后是将相关经营数据进行了归整处理，一是使读者好懂好算，二是不至于因为数据能够被检索而被聪明的读者找到当事企业或当事人，这一点请各位读者理解。

本书的案例以传统企业为主，但并不妨碍新型经济组织的老板和中高层管理者结合企业实际实践和运用管理会计方法及工具。毕竟，作为市场经济主体的企业追求的是投资回报率，都有销售收入、变动成本和固定成本的管理问题，都需要通过"利润空间"和"赚钱速度"实现企业价值最大化和最优化。

本书读者可以是企业老板和中高层管理者，也可以是企业内部的财务会计负责人和从业者，希望本书能为中国广大追求投资回报的市场经济主体——企业的价值创造贡献些许微薄的力量。

目　录

第一章　管理会计的概念和方法

一位老板说，财务给我的报表是赚钱的，但又总是说没钱，天天让我去银行跑贷款。

第一节　现金流量表

某家企业的发展趋势非常不错，连续几年的年度利润都在1000万元左右，企业老板和团队对未来发展踌躇满志。在这种情况下，他们感到，是时候改善一下企业形象了。

于是，他们聘请设计公司设计、建造了一座非常宏伟和漂亮的办公楼。

谁知道，在主体工程正要完工的时候，财务告诉老板，账上的钱没有了，整个工程必须暂停……

钱去哪儿了？核心问题在于，账面利润不等于账面现金，账面上赚的钱很大程度上被压在了应收账款和库存里。

"纸面'富贵'！"这位企业老板后来感叹，"为了面子伤了里子！"

另一家与上述企业位于同一园区的企业，通过省会园区招商从地级市搬迁过来后，圈了很大一块地，开始做了一个很大的厂房和产能规划，在逐步的建设过程中，他们突然意识到，他们面对的是一个非常狭窄的市场，他们的市场容量用现有土地的 1/3 就可能实现全部产能。

于是，企业团队马上改变策略，只用了小部分土地建设厂房和办公室，其他大部分土地被出租给建筑公司堆放建筑材料……

在与这家企业总经理交流时，这位总经理对此非常感慨，庆幸及时发现问题，及时制止了面积扩建，否则，这家现金流和利润良好的企业可能会被自己拖垮。不过，他也有些许遗憾——办公室还是建得太大、太多了。

"真的很浪费，这么多空置的办公室。"他说。

报道显示，中国 50 家纺织服装企业库存高达 570 亿元，让我国服装行业处于举步维艰的地步。[①]

报道说：近一两年，我国纺织服装行业掀起了一场"去库存"运动。但依旧不断攀升的库存仍然使得纺织服装业去库存面临"大考"。那么，合计约 570 亿元的库存又将何去何从呢？

数据显示，截至 2013 年 4 月 17 日，纺织服装业已公布的 2012 年年报的上市公司有 50 家，库存合计约 570 亿元。相比 2011 年，上述 50 家公司合计 533.73 亿元的库存增加 36.09 亿元，同比增长 6.76%。

商场、专卖店等卖场打折促销的活动也不绝于耳，而各大卖场的促销让利活动是各大服装品牌在高库存的压力之下不得不"断尾求生"的体现。

目前，库存是限制服装企业发展的重大瓶颈，大部分服装库

---

① 高库存：服装企业发展重大瓶颈（据中国产业信息网 2013 年 4 月 27 日报道）。

存以较低折扣售出，跌价幅度较大。高库存不仅引发了服装企业资金链断裂，还阻碍了服装产品的更新速度，同时使企业盈利水平严重下滑。

事实上，纺织服装行业高库存的问题由来已久，最突出的是运动服装高库存较为明显。媒体报道称，361°、李宁等六大运动服装品牌在 2012 年库存合计高达 33.27 亿元。

国家统计局的数据显示，我国服装行业规模以上企业 2012 年前三季度产品存货 2569.66 亿元，而根据中国服装协会计算，2011 年，我国服装内销额达 1.4 万亿元，2012 年预计将达到 1.7 万亿元。

☆ 理解：企业价值

百度百科对企业价值解释是："金融经济学家给企业价值下的定义是：企业的价值是该企业预期自由现金流量以其加权平均资本成本为贴现率折现的现值，它与企业的财务决策密切相关，体现了企业资金的时间价值、风险以及持续发展能力。扩大到管理学领域，企业价值可定义为企业遵循价值规律，通过以价值为核心的管理，使所有企业利益相关者（包括股东、债权人、管理者、普通员工、政府等）均能获得满意回报的能力……"

通过上述分析我们知道，现金流是衡量企业价值的关键指标，有了现金流的净流入，才证明企业有价值、在赚钱，而且还有一个标准，就是要大于资本成本的正现金流，否则，不能叫赚钱。

股神巴菲特也曾经谈道："会计现实是保守的、向后看的，同时受到美国通用会计准则的限制。另外，投资决策应当基于企业的经济现实。在经济现实中，专利、商标、特殊的管理经验以及声誉可能很有价值，但在通用会计准则下，这些资产只有很少价值或没有价值。通用会计准则以企业的净利润作为业绩标准；而在经济现实中，现金流才是企业的业绩标准。"

一家5个80后年轻人创办的科技型企业，2年时间销售回款达到几千万元。因为是朋友，他们请教笔者到哪个园区去买地建办公室和厂房比较合适。

笔者大吃一惊，问他们，每个园区都有如此之多的闲置办公室和厂房，为什么不是适度扩大租赁厂房面积就好？你们企业产品类型基本是分包集成模式，也不需要那么大厂房面积啊？

还好，经过多方论证，他们终于没有冲动地成为"地主"，还是以"租客"的身份维持着他们可能认为有些许"尴尬"的老板身份。

还好，2年后行业巨变，依靠手上的现金流，他们华丽转身，转型开拓出另外一个市场业务领域。

☆ **理解：资本成本**

搜狗百科引用《资本成本》（蒂姆·奥吉尔，约翰·拉格曼，露辛达·斯派塞）一书资本成本的概念时指出：资本成本（Capital Cost），是衡量企业经营成果的尺度，是指企业为筹集和使用资金而付出的代价，主要指发行债券、股票的费用，向非银行金融机构借款的手续费用等；使用资本所付出的代价，主要由货币时间价值构成，如股利、利息等。广义来讲，企业筹集和使用任何资金，不论短期的还是长期的，都要付出代价。狭义的资本成本仅指筹集和使用长期资金（包括自有资本和借入长期资金）的成本。由于长期资金也被称为资本，所以长期资金成本也称为资本成本。资本成本可用作衡量企业经营成果的尺度，即经营利润率应高于资本成本，否则表明业绩欠佳。

资本成本是选择筹资方式、进行资本结构决策和选择追加筹资方案的依据，是评价投资方案、进行投资决策的重要标准，也是评价企业经营业绩的重要依据。

通过上述理解，笔者对未上市的企业会"朴素"地用简单化处理的方式将企业的资本成本定义为企业资产的贷款利息，销售利润必须大于企业资产的贷款利息。

同时，笔者也"朴素"而简单地将企业的净现金流目标定义为销售利润与折旧之和（实际应用绝对不能如此"朴素"处理）。

一家销售收入 5000 万元左右的公司在销售收入下降 20% 左右的情况下，利润由正转为基本盈亏平衡。

但一个奇怪的现象出现了，公司的现金流出现了大幅度的增长，这是什么原因呢？

实际上，不能机械地认为：现金流 = 利润 + 折旧。因为，如果销售下降，之前的客户回款还在继续，同时，由于不进行新的原材料采购和变动成本投入，则实际支出也在减少，现金流将会出现短暂的增长，但这绝对不是"价值成长"。

反过来，如果企业销售收入增长过快，客户回款不能有效弥补原材料采购和相关成本费用的支出，则公司的大量现金将会被压到应收账款和库存当中，包括支付可能增长的管理费用，这个时候，现金流也不可能绝对等于利润+折旧。

上述这段分析如果与第三章第一节中 Hoffman 公司的例子匹配起来分析则更加明晰了。

表 1-1 为一张典型的现金流量表。

表 1-1 现金流量表

编制单位：　　　　　　　　　　××年12月　　　　　　　　　　金额单位：元

项目	行次	本月数	本年累计
一、经济活动产生现金流量：	1		
销售商品、提供劳务收到现金	2		
收到的税费返还	3		
收到的其他与经营活动有关的现金	4		
经营活动现金流入小计	5		
购买商品、接受劳务支付的现金	6		
支付给职工以及为职工支付的现金	7		
支付的各项税费	8		
支付的其他与经营活动有关的现金	9		
经营活动产生的现金流出小计	10		
经营活动产生的现金流量净额	11		
二、投资活动产生的现金流量：	12		
收回投资所收到的现金	13		
取得投资收益所收到的现金	14		
处置固定、无形和其他长期资产所收回的现金净额	15		
处置子公司及其他经营单位收回的现金净额	16		
收到其他与投资活动有关的现金	17		
投资活动现金流入小计	18		
购建固定、无形和其他长期资产所支付的现金	19		
投资支付的现金	20		
取得子公司及其他经营单位支付的现金净额	21		
支付的其他与投资活动有关的现金	22		
投资活动现金流出小计	23		
投资活动产生的现金流量净额	24		
三、筹资活动产生的现金流量：	25		
吸收投资所收到的现金	26		
其中：子公司吸收少数股东投资收到的现金	27		
取得借款所收到的现金	28		
收到的其他与筹资活动有关的现金	29		

续表

项目	行次	本月数	本年累计
筹资活动现金流入小计	30		
偿还债务所支付的现金	31		
分配股利、利润或偿还利息所支付的现金	32		
其中：子公司支付给少数股东的股利、利润	33		
支付的其他与筹资活动有关的现金	34		
筹资活动现金流出小计	35		
筹资活动产生的现金流量净额	36		
四、汇率变动对现金及现金等价物的影响	37		
五、现金及现金等价物净增加额：	38		
加：期初现金及现金等价物余额	39		
六、期末现金及现金等价物余额	40		

通过这张表，我们能够知道本期相关活动现金流入和流出的情况。

我们要问的是，为什么这段时间现金流流入多或流入少呢？为什么这段时间现金流流出多或流出少呢？每段时间（每月、每季或每年）有什么变化？这种变化表征了什么现象？提醒我们需要注意什么？

现金流量表与利润表有什么关系？利润多于或少于现金流是什么原因？如何衡量这个时期内的现金流入大于这个时期内的资本成本（有价值）？

现金流量表与资产负债表是什么关系？

我们能否"透视"这个结果性质的报表，看出和回答出上述问题？

第二节 利润表

一个与笔者同龄的老板与笔者聊天时说，做董事长不如做总经理好。笔者问他为什么？

他说，做董事长是"站得高，望得远，看不清"。

这位老板是远处、远期看不清，但中国民营企业家实际的情况可能更加令人感到悲哀。

很多中国民营企业的现状是，现在以及身边已经和正在发生的事情可能都看不清。

假设对中国的民营企业家做市场调查或验证，笔者不知道有多少老板看不懂、看不透财务报表，这个比例会有多大？

但通过笔者服务的大量企业来看，这个比例是非常大的。

我们的企业老板们面临着一个尴尬的事实是：

（1）干（生产、销售、服务）了多少不知道挣（赚）了多少？这样干（生产、销售、服务）是否有意义？什么该干（生产、销售、服务），什么不该干（生产、销售、服务）？

（2）挣（赚）了多少不知道是因为怎么干挣（赚）到的？现在干（生产、销售、服务）对了的如何保持和发扬？不该干（生产、销售、服务）的如何摈弃？

（3）现在该干（生产、销售、服务）的未来就一定还应该干（生产、销售、服务）吗？

笔者要说的是：老板看不懂财务报表，谈什么对利润和投资回报负责，遑论"千斤重担众人挑"。

很多老板都知道财务会计报表的重要性，包括很多企业的财务负责人，但如何将一件都认为重要的事情转化为一项简单易懂、易用的方法和工具，大家却没能做好。

我们来看看企业常用的财务会计报表中的利润表，如表 1-2 所示。

表 1-2　利润表

年　　月　　日

会工 02 表

编制单位：　　　　　　　　　　　　　　　　　　　　　　　单位：元

项目	行次	本月数	本年累计数
一、主营业务收入	1		
减：主营业务成本	4		
主营业务税金及附加	5		
二、主营业务利润	10		
加：其他业务利润	11		
减：营业费用	14		
管理费用	15		
财务费用	16		
三、营业利润	18		
加：投资收益	19		
补贴收入	22		
营业外收入	23		
减：营业外支出	25		
四、利润总额	27		
减：所得税	28		
五、净利润	30		

表 1-2 最大的优点也即最大的问题是经营结果的综合汇总的呈现。也就是说，通过一个简单的表单将企业一个时期内的相关（部分）经营结果进行了汇总。

但这个汇总却非常令人失望：结果好不知为何好，结果不好也不知为何不好；不知结果好如何使未来更好，结果不好如何有效改善使未来能够变好。

这与我们前文看到的现金流量表是一样的结果，这种报表只会告知我们结果，却不能让我们对为什么产生这种结果进行深入的研究和判断。

实际上，结果是过程的呈现，假设在现金流量表中，我们看到1个月内经营性现金流流入后，是否清楚是哪家（哪些）客户的回款？是否清楚是因为在进行商务谈判过程中商定了几个月的回款期限的结果？是否清楚有几家是按时回款的，几家是延后回款的（虽然回款了但也需要重点关注了）？是否更要清楚还有几家可能出现问题而不能回款了？

这个时候我们不得不问一个问题，如果作为企业的当家人，都难以做到对衡量现金流的利润和投资回报负责，如何指望、要求中高级管理层和全员对利润以及投资回报负责？

更关键的是，老板希望自己和大家能够对利润和投资回报负责，但却没有更好的方式、方法和工具使大家看懂相关报表，看懂企业如何赚钱，从而能够对利润和投资回报负责。

所以，在这里需要安慰一下各位老板和企业中高层管理者的是，不需要沮丧，看不懂财务会计报表不是你的错，因为如果这里称作记账式会计或报表会计的话，我们还需要应用管理式会计。

☆ 相关信息指引：

（1）美国管理会计师协会发布的管理会计定义（2008年）。[1] 管理会计是一门专业学科，它为管理层制定决策、编制计划和业绩管理系统提供指导，并在财务报告和控制方面提供专业意见，以协助管理层制定和实施组织战略。

（2）财政部在 2014 年 10 月 27 日下发的《财政部关于全面推进管理会计体系建设的指导意见》中明确了管理会计的定义："管理会计是会计的重要分支，主要服务于单位（包括企业和行政事业单位，下同）内部管理需要，是通过利用相关信息，有机融合财务与业务活动，在单位规划、决策、控制和评价等方面发挥重要作用的管理活动。管理会计工作是会计工作的重要组成部分。"

（3）财政部 2015 年第 26 号文件关于《管理会计基本指引（征求意见稿）》对管理会计的目的进行了明确的诠释："管理会计的目标是通过提供有用信息，运用管理会计工具方法，充分发挥管理会计解析过去、控制现在和筹划未来的职能，支撑相关决策，强化和完善管理控制，促进业务协同，以实现单位战略。"

同时，此文件在第五条和第六条提出如下意见：

"第五条　单位应用管理会计，应遵循下列原则：

"（一）战略导向原则。管理会计的应用应以战略为导向，以持续创造价值为基础，促进单位可持续发展。

---

[1] Definition of Management Accounting, One of a Series of Statements on Management Accounting, Published by the Institute of Management Accountants, 2008, http: //www.imanet. Org/PDFs/Secure/Member/SMA/SMA_DefinManAcct_0408_2.Pdf, which may be limited to IMA members.

"（二）业财融合原则。管理会计的应用应嵌入单位业务的重要领域、层次、环节，以业务流程信息为基础，利用管理会计工具，将业务和财务相关信息予以融合，以实现管理会计目标。

"（三）适应性原则。管理会计的应用应与单位内外部环境和性质、行业、规模、发展阶段等自身特征相适应，并随内外部环境和自身特征的变化及时进行相应调整。

"（四）成本效益原则。管理会计的应用应权衡实施成本和预期效益，以合理、必要的成本推进管理会计应用。

"第六条　管理会计应用的范围随管理决策主体而调整，可以是单位整体，也可以是单位内部责任中心。"

第三节　会计科目的属性都一样吗

有的老板担心了，问笔者："难道企业还能有几套报表？这是不是违法？"

笔者反过来问他："你难道就只有一套报表？而偏偏你最需要的管理会计报表却没有？"

特别是在国家财政部希望大力推进管理会计的今天，还有什么需要担心的？增加一套实用、实效的管理会计报表怎么可能违法？

那么到底如何应用所谓的管理会计呢？

笔者自 2000 年在东风汽车公司一个子公司的分厂担任副厂

长开始，一直对"管理"这个仁者见仁、智者见智的词汇有着递进式的、不同角度的理解。

曾经在一个时期，笔者对管理下了一个定义：管理就是分类，是将管理的对象根据不同的属性或特性进行有机的分类，采取不同的对策或措施，以达成管理目的和实现管理目标。

管理会计如何应用，用笔者最通俗的表述就是，将变动成本和固定成本（费用）分开管理。变动成本的特性是随着主营业务收入或销售量（分母）的增减其相对值（百分比或单位成本）不变；固定成本（费用）基本固定，其绝对值基本不（或很少）随主营业务收入增减变化，但随销售量上升而相对值〔百分比和单位固定成本（费用）〕下降。

图 1-1 为变动成本的变化趋势。

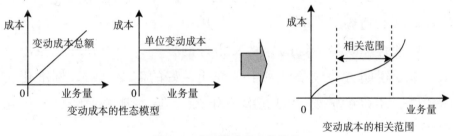

图 1-1　变动成本的变化趋势

图 1-2 为固定成本（费用）的变化趋势。

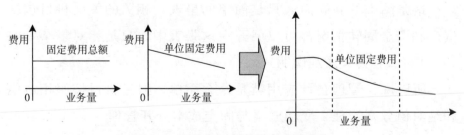

图 1-2　固定成本（费用）的变化趋势

通过图 1-1、图 1-2，可以清晰地看到两种成本费用不同的管理趋势特性。

除了成本费用，企业资产也存在这样的特性，特别是衡量现金流的流动资产中的应收账款和存货，如果单纯地从额度角度分析，企业所有者和管理者无法依据数据（字）进行判断和决策，也必须"管理会计化"——将流动资产转化为相对数值：周转次数（周转率或周转天数）。

你可能会问，这有什么意义？

这个意义就在于实现了管理者管理趋势，管理者管理异常。

趋势管理是同样的管理对象在不同的期间条件下变化的情况。如"原材料成本率"这个变动成本的管理对象在正常状态下，不会随主营业务收入的变化而变化，也不会随时间周期长短而变化（无论是年度还是季度、月度），所以，这样就可以看到管理对象的趋势了。

异常管理既指不好的异常又指好的异常，如果管理对象出现了异常，说明方法或条件发生了变化，好的需要总结、标准化应用推广，不好的需要"问五次为什么"，追本溯源去解决、优化和提升。

基于上述基本概念和基本方法的理解，我们可以将管理会计进行应用了。如图 1-3 所示。

这张图中的利润简表只是简单的呈现，相关的关键科目包括资产和资金周转情况都可以展开在这张表中，只是相对复杂一些（后面的章节会较详细说明）。

所以说，管理会计应用就是这么简单，财务科目按照相对值和绝对值分开管理，变动成本与固定成本分开管理。

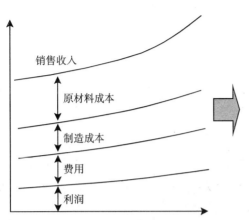

科目	其中	去年	今年	来年
销售收入	合计			
	主营			
	非主营			
原材料成本	E/S			
	总额			
制造成本	E/S			
	总额			
费用	E/S			
	总额			
营业利润	E/S			
	总额			

图1-3　一个工业企业应用百分比的管理会计简表

注: E/S 的 E 是 Expense 的简写, S 是 Sales 简写, E/S 是指相关成本费用除以销售收入的百分比。

☆ **关键困惑点解析:**

1. 很多成本费用是相对变动或相对固定, 若没有完全变动或固定的成本费用, 如何结合实际运用管理会计方法和工具呢?

解析: 成本费用没有绝对的变动和固定, 主要看变动特性程度大些还是固定的特性程度大些, 根据程度大小区分为变动成本或固定成本 (费用), 甚至可以区分一细项——半变动半固定成本(费用)。这样做的核心在于, 一方面, 相关科目类型和数据收集、汇总标准是一致的, 不会影响趋势和异常的判断; 另一方面, 财务科目数据和发生时点内的统计是不可能绝对准确的, 关键是能够在同一科目和标准下用于管理分析和判断。

2. 相关科目按照一定时间周期进行数据收集, 是否需要明确相关标准?

解析: 回答是肯定的, 需要明确的标准包括责任人、收集时间、分类标准、基础台账等。所有的标准设定都指向一个目的，保持每个科目的数据源、数据分类和时间周期等的一致性。

3. 上述管理会计简表能够向部门转化应用吗？

解析：回答是肯定的。因为管理会计是实现企业内部责、权、利对等的基础，在企业基本统一的管理会计表单基础上，相关部门根据自身的职能、职责和分管领域，细化分管科目，就可以为统一核算、加强管理、开源节流打下坚实基础。

☆ **典型案例**

某家保险公司的管理会计体系建立初始就遇到困境，将成本费用分解成为变动成本和固定成本（费用），然后用保费收入做分母进行百分比管理，无法适应和反映有效的周期及趋势变化。

经过分析我们发现，这与保险公司的业务特点密切相关，保费收入获取以后，保险公司必须通过相关的投资渠道获取投资收益，从而覆盖保费获取成本的同时实现保费的保值增值，为到期兑付打下基础。

在探索如何因地制宜、量身定制保险公司的管理会计方案时，我们与企业的财务部门专家一起进行测算，对70%的固定收益类投资产品组合和30%风险投资类项目进行了趋势分析。在一次协同工作讨论会上，保险公司的董事长灵机一动："保费收入是负债，相当于工业企业的原材料……"一句话点醒梦中人——项目团队最终以保费收入＋投资回报作为"分母"（相当于传统企业的销售收入）转化了保险公司的管理会计报表，为保险公司建立管理会计体系和经营管理体系打下了基础。

图 1-4 为某保险公司的管理会计体系结构简析。

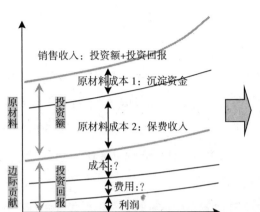

科目	其中	去年	今年	来年
销售收入 A	合计 A=B+C+D			
	沉淀资金：B			
	保费收入：C			
投资回报	E/S：D/A			
	边际贡献：D			
成本	E/S：E/A			
	总额：E			
费用	E/S：F/A			
	总额：F			
营业利润	E/S：G/A			
	总额：G=A-E-F			

图 1-4 某保险公司的管理会计体系结构简析

每次在企业内部推动管理会计体系建立时，笔者都会在现场提出一个盈亏平衡点的验算题目，即时请大家核算作答，大部分结果都是错误的。

如，在现场笔者提出这样一个问题：一家企业年销售收入 1 亿元，变动成本 5000 万元，固定费用 2000 万元，利润 3000 万元，请问大家这家企业的盈亏平衡点是多少？

大部分人回答：7000 万元。

然后，笔者列了一张表在白板上，与大家分享如何通过数字核算这家企业的盈亏平衡点，关键是有前提假设：变动成本相对值不变，固定费用绝对值不变。上述问题的结果如表 1-3 所示。

表 1-3 盈亏平衡点核算举例

销售收入（万元）	变动成本（万元）	固定费用（万元）	利润（万元）	备注
2000	-1000（50%）	-2000	-1000	
3000	-1500（50%）	-2000	-500	
4000	-2000（50%）	-2000	0	盈亏平衡点
5000	-2500（50%）	-2000	+500	

续表

销售收入（万元）	变动成本（万元）	固定费用（万元）	利润（万元）	备注
8000	−4000（50%）	−2000	+2000	
10000	−5000（50%）	−2000	+3000	
20000	−10000（50%）	−2000	+8000	

通过表 1–3 我们发现，盈亏平衡点 = 固定成本（费用）÷（1 − 变动成本率）；我们也发现，当超过盈亏平衡点，收入从 5000 万元翻番到 1 亿元时，利润却从 500 万元增长到 3000 万元，翻了 6 倍！

为什么如此神奇？原来，超过盈亏平衡点，变动成本边际贡献全部变成利润。

当然，随着销售收入的提升，固定费用绝对值和变动成本的相对值不可能不会有所变化，上例仅是为了更加直观地说明问题。

☆ **关键困惑点解析**

1. 盈亏平衡点（见图 1–5 盈亏平衡点分析）

解析：盈亏平衡点（俗称保本点）是一个企业的命脉，它是一个企业经营管理决策的基本假设——销售收入超过盈亏平衡点，变动成本边际贡献全部变为净利（已经分摊所有固定成本）。

盈亏平衡点的公式：盈亏平衡点（销售收入）= 固定成本（费用）÷（1 − 变动成本率），或盈亏平衡点（销售量）= 固定成本 ÷（单位产品销售收入 − 单位产品变动成本）。通过此公式我们可以得出相关结论：①固定成本（费用）越低，盈亏平衡点越低；②（单位）变动成本率越低，盈亏平衡点越低；所以，企业经营管理的目标就是固定成本（费用）绝对值越

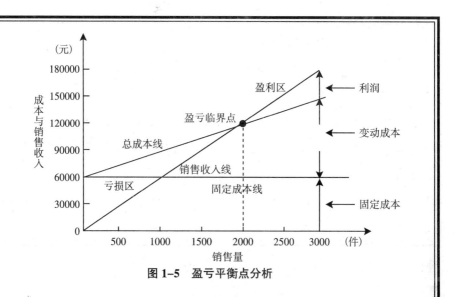

图1-5　盈亏平衡点分析

低越好，变动成本的相对值（百分比和/或单位成本）越低越好。

2. 边际贡献

解析：总收入与总可变成本之间的差被称为边际贡献。可以用边际贡献率和单位产品边际贡献核算。

（1）边际贡献率。

边际贡献率 =（边际贡献/销售收入）×100%　　　　　（1）

如果是一种产品，则：

边际贡献率 =（单位边际贡献/单价）×100%　　　　　（2）

如果是多种产品，则：

边际贡献率 = ∑（每种产品的边际贡献率×该产品销售收入占全部销售收入的比重）　　　　　（3）

通常，边际贡献率是指产品边际贡献率，可以理解为每一元销售收入的边际贡献所占的比重，它反映产品为企业贡献价值的能力。

（2）单位产品边际贡献。

单位产品边际贡献 = 销售单价 - 单位变动成本。

（3）材料边际贡献。

对于制造型企业而言，因为变动成本可以分为变动材料成本和变动制造成本，可以单独分析材料边际贡献（收入与材料成材之差），材料边际贡献率 =（材料边际贡献/销售收入）×100%，单位产品材料边际 = 销售单价 - 单位变动材料成本。

第四节　可以做成连环画（趋势）看

2013 年，我们服务了一家高科技中间产品（新材料）制造企业，为了推动企业快速业绩提升，企业总经理高薪从珠三角聘请了业内有一定资源的营销老总。这位营销老总过来后，1 年左右时间用降价和延长账期方式快速将销售收入提升了 50% 以上。

总经理比较满意，对他原来的"老伙伴"——分管采购和制造的常务副总的降成本工作表示出诸多不满意，导致这位"老伙伴"非常不爽。

在我们去进行管理支持的时候，我们发现他们的传统会计体系之下的账目无法明确营销与制造、采购端的贡献及价值。为此，我们按照管理会计的方法将相关的 3 个年度数据进行了相对值的转化，转化后的情况（为保密起见将数字进行了处理）如表 1-4 所示。

表1-4　某公司三年来管理会计利润简表

科目	其中	2011年	2012年	2013年
销售收入	(万元)			
销售量	吨			
单位售价	万元/吨			
原材料成本	E/S (%)			
	单位成本 (万元/吨)			
	金额			
变动制造成本	E/S (%)			
	单位成本 (万元/吨)			
	金额			
固定费用	E/S (%)			
	单位成本 (万元/吨)			
	金额			
其中：销售费用	E/S (%)			
	单位成本 (万元/吨)			
	金额			
其他	金额			
利润	E/S (%)			
	单位利润 (万元/吨)			
	金额			

通过数字分析我们发现，该公司三年来单位售价连续下降，而且幅度持续加大，虽然利润增幅基本与收入增幅保持同步，但营销费用增加幅度更大；两个变动成本中，原材料成本的百分比小幅度下降，但单位成本下降幅度大于售价下降幅度，制造成本的单位成本在下降，但由于销售量增幅远大于销售收入增幅，变动制造成本的百分比不降还升。

看到这样一组数据，笔者问企业总经理，你有什么结论。

常务副总当时显得有些过于激动，他拉着笔者的手说："谢谢您，您为我正了名。"

"我们本来有一套标准的财务会计报表，还要费力地重新搞一套什么管理会计报表?!"一开始,企业的财务业务人员和管理人员,甚至是分管财务的老总都会有这样的抱怨。

但当管理会计系统建立并运行 3 个月后,向高管层和董事会进行财务分析报告时,特别是进行年度预算和经营计划编制的时候,绝大多数企业的财务业务人员和管理者都会感谢我们帮助他们导入和应用了管理会计体系。

——这是我们帮助企业应用管理会计体系的真实状态。

为什么会有如此之大的反差呢?因为管理会计简化了财务分析过程,做到了财务数字和指标的可视化管理——也就是标准相同的管理对象(财务数字和指标)可以如连环画一样"欣赏"、审视和比对了。如表 1-5 所示。

表1-5　一个工业企业简单的管理会计利润报表的趋势分析

科目	其中	前年	去年	今年	来年	其中						
						1月	2月	3月	4月	……	……	12月
销售收入	合计											
	主营											
	非主营											
原材料成本	E/S											
	总额											
制造成本	E/S											
	总额											
费用	E/S											
	总额											
营业利润	E/S											
	总额											

通过这张表,如果我们将过去 3 年的数字和指标填上,我们会得到或看到一个何种清晰的画面?

1. 正视过去

3 年的数字和财务指标的趋势呈现,特别是变动成本百分比

（单位成本也可以同样做到这张表中）的变化，固定费用额度和百分比变化，使企业可以对过去战略决策和经营能力进行相关有效性的判断，利于总结经验和优势、正视不足，为当下和未来改善打下基础。

同时，如果将过去 3 年每月的数字和指标都能详细分解，则可以画出一张 3 年月度相关指标的趋势图，把握淡旺季，根据实际规划成本、费用，进行有效融资和经营改善等都将更加清晰和明确。

2. 把握当下

当下每月的经营数字和财务指标都可以与当期目标以及过去实绩进行比对，就可以有效分析这些指标为什么改善了，什么做法可以被标准化成为组织记忆；哪些指标为什么恶化了，是业务本身需要变革还是经营管理过程需要优化——这样就可以有效指导当下行动，展开月度、季度、年度的经营管理的 PDCA 循环（计划—执行—检查—总结循环：Plan-Do-Check-Action Cycle）。

3. 展望未来

（1）战略决策，业务变革，相关业务到了什么阶段，是否需要"删除、减弱、强化、新增"？

（2）经营改善，现有业务如何"开源节流"、加速周转，提升运营效率和效益？

（3）绩效激励，正视历史、达成共识、展望未来，设计有效的绩效目标和激励政策，建立有效地促进全员"千斤重担众人挑"的激发意愿和能力的激励政策。

☆ 关键困惑点解析

1. 一般最少要有 3 个或以上周期的数字和指标，这样才能出现"趋势"，才能实现趋势管理。

解析： 如果将过去 3 个年度的数字能够按照统一标准进行重新分隔（相对值和绝对值），将是最为有效的做法，这样，过去 3 年的趋势会直观可视化呈现，展望未来、设定战略目标和制订经营计划将变得更加容易。

2. 基准获取非常关键

解析： 如果过去的数字已经难以区分变动成本和固定成本（费用），则可以马上建立具体财务科目分类的统一标准和流程，就近分月统计，用最近的 3 个周期（月，甚至周）就可建立基准，再在此基础上实现未来目标设定和趋势管理。

3. 如果本产业季节性变化很大，如何量身定制？

解析： 这是没有问题的。这可能需要做更加深入的工作，将过去 3 年的财务会计报表按照统一的标准分隔到具体月度，则过去 3 年和 3 年内的趋势将可视化呈现。基于此，规划未来并进行同比、环比的对比，实现趋势管理。

4. 如果是一个新创办的企业，没有 3 年的趋势如何把握？

解析： 请看第 2 条解析，过去 3 个月或者马上开始把握现实数字就可以开始管理会计应用之旅了。

第二章　综合应用

在一个管理培训的现场，一个企业家问正在培训的管理专家，什么是市值？什么是价值？

这位管理专家回答他，从市场客户角度看企业是价值，从投资者角度看企业就是市值。

第一节　有一个神奇的公式

多年前，我们在为长沙市一家亿元规模的工业制造领域的小巨人企业进行管理升级服务时，经过 100 多天共同努力后，笔者带队去这家企业验收管理升级成果。

这家企业老板兴奋地告诉笔者，经过产品通用化为核心的营销、产品优化和供应链改善，企业的产品交付周期从 3 个月压缩至 25 天，准交率从 40% 提升到 94%，在销售收入增长 1 倍左右（4 个月的同比核算期）的情况下，利润从上一年同期 60 万元提升到 700 万元……

不可能！笔者按照平行思维判断：你们在作假吧？！收入只增长 1 倍，利润如何会翻了 11 倍多？

老板一脸的无辜，财务的数据啊？而且我不可能造假，造假的代价是多交税啊。

通过详细的核查，管理专家团队确认了这个结果。

通过这件事，笔者总结了一句不太准确的通俗表达：企业利润＝利润空间×赚钱速度！

而这句不太准确的表达，在笔者后来研究和实践杜邦公式后，更加清晰和明确。

小艾尔弗雷德·斯隆所著《我在通用汽车的岁月》一书中（华夏出版社，刘昕译）的第128~130页这样描述道：

"唐纳森·布朗先生来到通用汽车，也带来了相关的财务标准。这是一种针对管理效率、从业务的各个方面——财务控制、考虑预期生产需求的投资计划、成本控制及其他类似问题——确立行为规范的方法。换句话说，布朗先生充分发展了投资回报率的概念，并使其既可以评价各事业部的运营效果，又可以评价宏观的投资决策。他的这一概念可以用方程式表达，从而可以直接计算投资回报率……

"当然，投资回报率受到业务中各项因素的影响。因此，如果一个人能够看出这些因素是怎样分别作用于投资回报率的，他就完全看透了这项业务。为了深入了解这样的规律，布朗先生将投资回报率定义为利润率和资金周转率的函数（二者相乘得到投资回报率）。如果你搞不懂这一点，那就不用管它，只要记住下面这句话就可以了：你可以通过提高与销售相关的资金周转率或利润率来提高你的投资回报率……你可以将这理解为通过对指标的合成和分解，来了解业务运营中利润与亏损的结构，从本质上讲，这是一个将事物逐渐可视化的过程……"

"为了使这一概念发挥作用，所有事业部经理都必须就他的运营成果提交月度报告……"

"高层经理定期研究这些事业部投资回报率报告。如果情况不令人满意，我或者其他总执行官们和该事业部总经理就需要采取的纠正措施进行协商……"

……

"统一会计作业的发展使我们能够对各事业部内部情况进行分析，并可以将一个事业部的绩效同其他事业部相比较。但是，同样重要的是，这种统一的会计作业——尽管中间也存在着一些例外——从实际生产成本和开发运营效率标准两个方面为我们的管理成本会计提供了指导方针。"

……

什么方程式如此神奇，足以造就一个当时世界上最伟大的企业——通用汽车公司？

什么方程式如此神奇，告诉我们利润不是我们追求的唯一目标，有更大的价值追求目标——投资回报率（净资产收益率）？

什么方程式如此神奇，告诉我们投资回报率（净资产收益率）等于利润率乘以资金周转率，通晓了这个简单的公式，企业战略、经营、管理就能了解过去、把握当下、规划未来。

这就是杜邦公式。如图 2-1 所示。

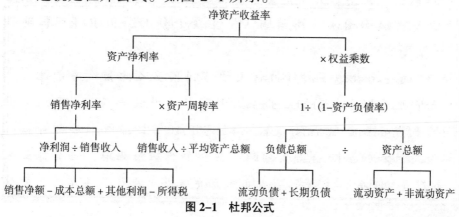

图 2-1　杜邦公式

大家之见：什么是利润——原来企业利润不完全能够代表企业价值（更不是剩余价值）。

管理大师彼得·德鲁克在《管理：任务、责任、实践》一书中指出：

首先，利润是经济成果的检验——而且是唯一的有效检验。

其次，利润是对于不确定性的风险的报酬。利润，而且只有利润能为明日的工作提供资本，既为更多的工作又为更好的工作提供资本。

最后，一个社会的经济满足和服务，从卫生保健到防务、从教育到歌剧，都是用利润来支付的。它们必须用经济生产的剩余，即经济活动所生产的价值及其成本之间的差额来支付。

符合一个企业需要的最低限度的利润率就是资本的成本。这个最低限度的利润率是向企业提供它达到其目标所需财务资源的资本市场利率。

结合大师几十年前的解析，笔者对利润的理解，一是企业过去决策和承担风险的验证基准和奖赏；二是企业现在运营的效率和效果的检验基准；三是企业积累并可以投入未来、创新、创造的资本源泉。

☆ **延伸阅读：利润是一种道德力量（笔者 2013 年写的一篇博文）**

德鲁克表达了对熊彼特关于"利润是道德和价值系统之一部分"这一观点的认同和赞赏。

熊彼特说："没有发展也就不可能产生利润，而没有利润，发展也无从谈起。"利润"在一个新的企业中，是其收获超过了生产成本之后才产生的暂时的盈余"。

德鲁克认为："它是用来支付企业运作所需成本的'风险溢价'。""熊彼特的'创新'及其'创造性破坏'理论是目前为止唯一一个能够用来解释'利润'为什么会存在的理论。古典经济学家们很清楚，他们的理论并没有为利润找到任何合理依据……但是，如果利润是一种名副其实的成本，尤其利润是唯一一个能够维持已有工作并创造新工作的手段的话，那么'资本主义'就摇身一变，成为了一种道德的制度……一旦当人们摒弃那种亘古不变的、自给自足的封闭经济，转向熊彼特所倡导的不断增长、不断移动、不断改变的动态经济，我们称为'利润'的东西也就不再是不道德的了。利润变成了一种道德律令"。

"每一个机构——不仅仅是商业机构——都必须在日常管理中进行四种具有企业家精神的活动，而且这些活动要平等开展。首先，有组织地摒弃那些无法使资源得到最优分配的产品、服务、流程、市场和分销渠道……其次，任何机构都必须围绕系统化的持续的改善而加以组织……再次，该组织必须围绕系统化的、持续的资源利用，尤其是对其成功的利用而加以组织……最后，该机构必须组织系统化的创新，也就是要创造出差异化的、适应明天的产品，来淘汰或者在很大程度上替代今天那些最成功的产品。"

为了继续生存下去，一个组织必须产生利润——这不仅是为了回报冒险行动，同时也是为了给创新和工作机会创造的引擎提供燃料。

使用熊彼特关于具有企业家精神的创新系统，德鲁克得以在一个更为宏大的框架下看待利润，从而建立了一种新的利润观念。

笔者通俗地看待杜邦公式的简化理解和与三张传统会计报表的关系，如图 2-2 所示。

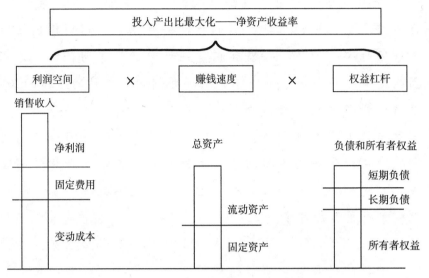

图 2-2　杜邦公式的简化理解和与三张传统会计报表的关系

杜邦公式正式的表达方式、方法实际上应该是：投资回报率（净资产收益率）＝销售利润率×总资产周转率×权益乘数。

杜邦公式左边部分实际上是一张简化的管理会计形式的利润报表，中间部分的上半部分可以看作是一张简化的现金流量表（当然也并不完全是），中间部分与右边部分合成起来看相当于是一张简化的资产负债表——这是一张能够全面系统涵盖三张企业财务报表的伟大的管理创造。

杜邦公式从左至右的三个部分分别体现了产品（业务）运营、资产运营、资本运营提升投资回报（价值）的能力，使财务数字和指标与具体经营管理能力和资源要素实现有效、系统的衔接和分析。

这三种能力又能够预测和规划企业的增长潜力，图 2-3 是结合杜邦公式对一个企业过去 、当下、未来几大能力的分析图。

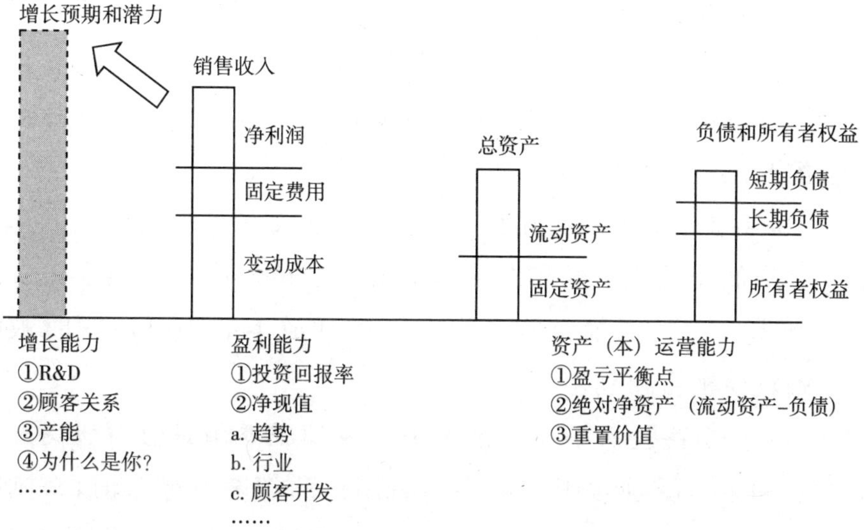

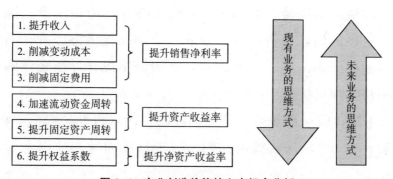

图 2-3 结合杜邦公式对一个企业过去 、当下、未来几大能力的分析

同时，结合上述分析，还可以推导出企业提升投资回报、创造价值的六大机会和路径，如图 2-4 所示。

图 2-4 企业创造价值的六大机会分析

图 2-4 实际上是杜邦公式从左至右的一次逻辑思考和梳理，其中伴随着相关的管理假设：

1. 假设稳定业务和增长业务的情况下，企业创造价值的机会的思考逻辑基本是从销售收入的提升开始

（1）在销售收入增长的情况下，固定成本（费用）额度基本不变，变动成本相对值（百分比和单位成本）不变，则提升收入将会提升销售净利率。

（2）在销售收入不变的情况下，固定成本（费用）额度基本不变，降低变动成本的相对值（百分比或单位成本）则会提升销售净利率；而如果销售收入提升，变动成本的相对值同时被降低，则整体销售净利率将提升更多。

（3）在销售收入不变的情况下，变动成本相对值一般情况下不变，如果能够削减固定成本（费用）的额度（绝对值），则降低的成本（费用）将全部成为净利率，而企业的盈亏平衡点也将大幅度降低；如果销售收入提升，变动成本相对值降低，固定费用绝对值同时降低，则企业销售净利率将大幅度提升。

（4）假设销售收入、变动成本、固定成本（费用）均不变，加速流动资产的周转，如加速应收账款和存货周转速度，则企业的流动资产的周转率将提升，企业的资产收益率将提升；而如果前三个指标全部向好，加之流动资产周转率提升，则企业的资产收益率将大幅度提升。

（5）固定资产也是可以加速周转的，如果将办公桌椅、设备、厂房看作"钱"，就会发现它们一样可以被周转，所以，买、建不如租。

（6）良性负债促进企业投资回报率（净资产收益率）提升，通过债权还是股权融资？融资的程度和比例必须控制在一定的限度之下。

这可以被称为现有业务的运营管理逻辑思考路径。

2. 在未来（或创新、创业）业务情况下，企业创造价值的机会梳理的思考逻辑可能是从权益乘数开始的

（1）为了开创一项新的业务，首先考虑投资回报率和资本密集率，在此基础上考虑权益乘数，既能保证控制风险，又能投入最少，从而为实现预期投资回报率（净资产收益率）打下基础。

（2）固定资产越少越好，充分核算"购"和"租"的关系，最极端的情况是，全部都是租来的或者寻求外包（代工），从而保证固定资产的周转速度最高。

（3）与客户和供方的交易结构设计，如何保证现金流最大化，周转速度最大化。

（4）在固定资产最优的情况下，如何使人力资源最优化，因为人才是固定费用特别是管理费用的决定因素。

（5）变动成本如何最低。如制造类企业，新产品的原材料成本如何最优化，原材料成本占比最低；实现产品加工的制造过程如何最优化，变动制造成本消耗最低。

（6）如何将产能全部销售出去……

这可以被称为未来业务（创业）的战略管理逻辑思考路径。

☆ 理解：资本密集率

《公司理财》（原书第 9 版，斯蒂芬 A.罗斯，伦道夫 W.威斯特菲尔德，杰弗利 F.杰富国合著，机械工业出版社）指出，"总资产与销售额之比称为资本密集率，指的是产生 1 元销售额所需要的资产的金额，这个比率越高，公司的资本密集率越高。这个比率与……总资产周转率互为倒数。"

（备注：资本密集率越高，说明要实现一定额度销售额所投入的资产越大，相应地，投资回报率的保障程度将会下降，

这个指标可以作为投资人分析具体投资行业的一个重要依据。)

★ 灵感故事：企业创造价值的六大机会的灵感源泉

几年前，作为一家大型集团公司顾问，笔者发现企业所有者和两级经营管理团队之间意见（成见）非常之大。

企业所有者认为这些职业经理人无能，给他们一大堆资产，但他们创造利润能力不够，大部分利润都是企业所有者通过资本运作实现的。职业经理人认为企业的所有者不能充分信任和授权，更加不能或不愿分享，使总部和子公司两级职业经理人创造利润和投资回报的意愿不足——创造了投资回报（赚钱）与自己又有什么关系？

分析下来，一句话可以表述清楚：委托方和受托方对价值创造的责、权、利不能达成共识。

在向这家企业所有子公司和总部导入、应用和实践管理会计体系时，笔者通过对杜邦公式逐步加深理解和认知的过程中发现，最左边部分的销售利润率必须是受托方的责任，中间的流动资产的周转率也必须是受托方的责任，当然更是权力和利益，必须得到委托方的授权和授"利"。因为受托于企业所有者，职业经理人必须将产品（业务）运营到最佳利润状态，同时必须使流动资产周转速度达到最佳状态（可以与国内、国际同行的上市公司对标），因此而产生的收益必须由委托人（股东）向受托人（职业经理人）分享。

对于为实现产品（业务）运营的固定资产，因为其为企业所有者所有，则职业经理人没有处置权，更加不能享有分享权；对于最右面的权益乘数更加如此。

所以，企业创造价值的六大机会中，前四个价值创造机会的主体是企业的运营者，而后面两个价值创造机会的主体则是企业的所有者。

　　本书后续的第四章（管理会计如何促进企业价值激励）的价值激励环节也是按照这样的思路进行激励机制设计的。

　　☆ 关键困惑点解析：

　　1. 产能

　　资产产能率、产能利用率（特别是制造业）——相当于对总资产周转率（资本密集率）分解后产生的两个指标。

　　解析： 实现产能发挥的最优级选择很大程度上是代工，特别是在当今各行各业普遍产能过剩的情况下。

　　但如果本身就已经投资有厂房、设备，则必须将其产能全部"卖出去"，所以，在盈亏平衡之后一个关键的考量指标就是一个企业的产能利用率（等于销售额除以实际产能）了。

　　当然，如果是投资者，考量一个企业（或者一个行业）是否值得投资还需要考量一下资产产能率（等于实际产能除以总资产），也即最少的资产实现最大的产能的能力，如果一个行业或者企业投入的资产产生不了很大的产能，则这种项目的投资回报率（净资产收益率）在很大程度上将会很低。

　　2. 绝对净资产（等于流动资产减负债）

　　解析： 绝对净资产是企业运营过程中的关键考量项，表征了企业短期的偿债能力，除了负债率的限制之外，还必须对绝对净资产的额度进行有效把控，从而实现企业的良性运营。

3. 如果企业产品类别或类型比较多，难以进行单位成本（费用）的相对值管理，如何应用单位成本进行管理会计的核算呢？

解析：首先，如果企业产品类别较多，那么整体的管理会计报表应用百分比这样的相对数字或指标来分析，但整体的产品结构应该按照大类分开核算较好，因为一旦产品结构发生重大变化，百分比的角度会难以把握。

其次，不同产品最好按照产品系列（或生产线、事业部）分别进行管理会计核算和管理，这样对企业的产品线布局、优化和调整将起到有效决策和过程运营管控作用。而如果企业一个产品线就是一个分支机构，则更要进行这样的分析。

通过杜邦公式，结合管理会计报表，可以以投资回报率（净资产回报率、收益率）为系统目标，将杜邦公式所反映的财务数字和指标用一张表格呈现，如表 2-1 所示。

在这张报表中：

（1）传统会计报表的三张表被简练而系统地合一，企业所有者和经营者可以用简单、有效的可视化方式和方法实现系统把握。

（2）相关重点财务数字和指标被相关相对指标化（百分比和/或单位成本），可以进行有效的类比和趋势分析。

（3）各类财务数字和指标，过去、现在、未来可以按照月、季、年度进行趋势的可视化呈现，为有效决策打下坚实基础。

表 2-1 企业综合管理会计报表简表

某企业 20××年综合管理会计报表

指标		前年	去年	今年	来年						异常分析
					1月	2月	3月	4月	……	12月	
主营业务收入	金额										
销售量	单位										
材料成本	金额										
	占收入比 (E/S)										
	单位成本（万元/单位）										
变动制造成本	金额										
	占收入比 (E/S)										
	单位成本（万元/单位）										
直接人工	金额										
直接能耗	金额										
其他	金额										
固定费用（成本）	金额										
	占收入比 (E/S)										
	单位成本（万元/单位）										
销售费用	金额										
管理费用	金额										
制造费用中的折旧	金额										
制造费用中的工资性费用	金额										
营业税金及附加	金额										
财务费用-流动资金利息	金额										
经营性利润	金额										
财务费用-项目贷款利息	金额										
资产减值损失	金额										
公允价值变动收益	金额										
投资收益	金额										
营业外收入	金额										
营业外支出	金额										
所得税费用	金额										
净利润	金额										

续表

指标		前年	去年	今年	来年						异常分析
					1月	2月	3月	4月	……	12月	
存货余额	金额										
存货周转率	次/年										
应收账款余额	金额										
应收账款周转率	次/年										
总资产收益率	比率										
净资产收益	比率										

第二节　销售增长第一

2011 年 12 月，笔者去另外一个大城市开拓咨询市场，其中有个项目是一家国内知名的麻将机销售总代理的总店销售业务提升。在与其老板交流过程中，笔者通过提问的方式对现状进行了充分把握，并初步帮助企业老板锁定突破方向。

笔者：2011 年全年销售收入多少？

他：4000 万元左右。

笔者：客户有哪些类型？

他：一类是商业用户，一类是家庭用户。

笔者：销售比重是多少？

他：2：1。

笔者：利润空间呢？

他：商业用户利润只有家庭用户的一半。

笔者：是否考虑家庭用户的销售 2012 年提升一倍？

他：可能性不大，人们都喜欢去商业场所打麻将，所以全市的麻将机销售商都不将此作为重点。

笔者：你的意思我们就是那个到一个岛上看到没有人穿鞋而走掉的卖鞋的人？

他：那好，我们重点探讨利润率较高的家庭用户的销售如何提升。

笔者：好的，家庭用户销售利润高出商业用户的一倍。那2011年全年家庭用户成交了多少户？

他：5000户。

笔者：什么算是VIP用户？

他：除了买一个麻将桌还买了凳子的吧。

笔者：比例有多少？

他：1000户吧。

笔者：那有多少进店用户实现了5000户的成交？

他：大概7500户吧，未仔细统计，不太准。

笔者：不需要太准，关键是把握重点。恭喜您，您的店员训练有素，成交率高达67%左右。

他：谢谢。

笔者：那全市有多少潜在客户？

他：所有全市的家庭用户都算吗？

笔者：您综合考虑，看是按照商圈考虑还是按照一个区考虑还是按照全市考虑？

他：如果按照全市考虑有200万户啊。

笔者：是啊，潜力惊人啊。通过交流，您锁定家庭用户收入翻番的重点突破口了吗？

他：我们成交率如此之高，看来如何吸引家庭用户进店将是关键。

笔者：恭喜您！只要进店家庭用户在 2012 年实现翻番达到 15000 户，按照您目前的成交率水平，您的家庭用户销售收入将翻番，利润将更大……

上述案例是一个典型的通过相关重要变量把握并推导销售目标的实践。

管理大师彼德·德鲁克认为：企业的目的是创造顾客。他同时指出："由于企业的目的是创造顾客，因此，任何企业都有两项职能，也仅有这两项基本职能——营销和创新。只有营销和创新能产生出经济成果，其余的一切都是'成本'。"

"从顾客的观点看，市场营销就是整个企业。"

谁都知道企业的市场营销工作重要，市场营销的理论、方法和工具可以说汗牛充栋，但有一个关键环节——营销目标制订是每家企业都非常头痛的课题。

即使从管理会计角度，通过过去和现在销售收入及成本费用趋势的长期把握，有效规划未来销售收入目标环节成为很多家企业的短板和瓶颈。

本章本节并不涉及市场营销的理论、方法和工具，仅是从管理会计有效应用的营销目标制订的角度进行探讨。图 2-5 是笔者理解和向企业导入的企业销售提升的思维逻辑常识，该图将为我们有效制订营销目标打下基础。

图 2-5 实际上是一个类似对营销过程数字化和指标化的过程，也类似于运用管理会计思维而进行的重要的现状把握。

首先，客户和用户（消费者）的细分以"买单"者作为用户进行把握，将一段时间（一个周期）内成交的用户和 VIP 用户（企业根据实际确定标准）进行分类，把握有多少成交用户，平

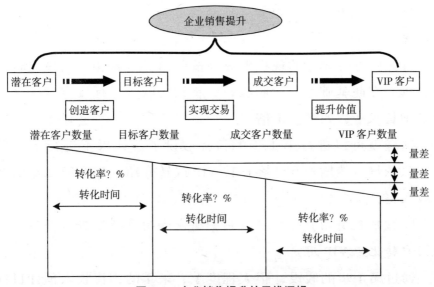

图 2-5 企业销售提升的思维逻辑

均成交额（客单价）是多少；有多少 VIP 用户，平均成交额（客单价）是多少。

其次，根据成交用户的数量，倒推期间目标用户的数量，从而核算平均的成交率；倒推潜在用户数量，核算平均的转化率；在此基础上建立 VIP 用户、成交用户、目标用户和潜在用户档案——其中还可以根据不同用户特性（认知、区域等）、产品特性、销售业务经理特性进行分别把握，并进行针对性比对，总结 KSF（关键成功因素）。

最后，把握相应的三级转化的时间周期，并充分把握潜在用户市场规模和容量，将营销目标的制订锁定为几个关键变量的系统梳理。

根据图 2-5，笔者独创了一套比较行之有效的营销目标制订"七步成诗法"：

1. 按照现有用户（消费者）销售量和客户需求的自然增长核算老客户销量

首先要进行充分的现状把握，按照图 2-1 将相关变量进行初步梳理。在此基础上，大胆假设，将销售收入目标设定到一个较高的增长水平，如增长 1 倍。

这样就可以进行第 1 步的目标假设了。如果不进行主动营销，只依赖自然增长和老客户转 VIP 或转介绍，那么第二年的销售收入将会是多少。

2. 按照现有用户销售量、用户需求和用户特性努力将现有一般用户转化为 VIP 用户

通过第 1 步的假设，很大程度上，来年的销售收入预计目标会有所下降。那么，进入第 2 步，现有老客户能否转化为 VIP 客户，这个过程的关键在于：

（1）对现有 VIP 用户的 KSF（关键成功因素）的总结提炼，然后对目前的成交用户进行充分把握并与 VIP 用户的 KSF 对标，锁定目标 VIP 用户，并制订针对性市场突破政策和行动计划予以突破。

（2）因为 VIP 用户与一般成交用户客单价的差额，这样就会有很大的增量，成为销售目标的第二组成部分。

3. 按照假定目标减去上述两步确定目标之和，得出一个差额，然后再根据成交率和成交用户客单价核算需要开发的目标用户数量

这一步是关键环节，会产生几种结果：

（1）潜在用户数量巨大，根据标准筛选的目标用户足够，而且时间和市场开发人员足够，则可以直接达成"拍脑袋"目标，这样分析后就会发现可能 1 倍的增量目标定低了，需要向上调整

目标。

（2）潜在用户数量适中，根据标准筛选的目标用户刚好与需求数量差不多，则通过这 3 步原有的既定目标已经可以达成，可以直接进入第 4 步继续扩大预期目标。

（3）潜在用户数量不足，根据标准筛选的目标用户不足，则根据最终核算的目标用户数量与成交率和客单价相乘，就会得到一个本步骤可以实现的目标数量，虽然还不可能达成既定目标，但可继续进行后续 4 个步骤的营销目标挖掘。

具体的管理过程同时也必须有效把握：

（1）基于 VIP 客户的 KSF（关键成功因素），编制企业的潜在用户向目标用户转化的转化标准。

（2）建立潜在客户档案，根据潜在用户向目标用户的转化标准，建立目标用户档案，作为市场开发和突破的目标对象。

4. 完善商务政策和销售程序提升成交用户向 VIP 用户的转化率

第 1~3 步是按照既定的商务政策和人员素养对四种用户类型有效梳理后的结果，到了第 4 步，则是为了提升成交用户向 VIP 用户的转化率而将商务政策、销售程序进行针对性优化，从而再将更多的现有成交用户转化为 VIP 用户，进而提升营销目标。

5. 完善商务政策和销售程序提升新成交用户的成交率

同第 4 步，针对性优化新用户开发商务政策、销售程序，进而提升新用户成交率，则可以实现更多销售收入预期。

6. 缩短市场开发周期

时间是最大的资源也是最大的成本，将现有的市场开发方式、方法进行有效优化，如将"扫街式"销售改革为"集中招商式"销售，可能大幅度缩短市场开发周期，进而实现更多销售收入预期。

7. 资源配置

若前述 6 个步骤核算之后，还不能达成预定目标，则：

（1）如果是人手和预算不足，则可以增加资源配置，根据资源配置的程度和情况进行再次核算。

（2）如果现有产业（业务）机会和资源已经挖尽，则需要开发新产品和新市场，重新梳理、核算。

上述 7 个步骤是一个整体过程，看似复杂，但实际使目标制订逻辑更加清晰，解决了企业内部拍脑袋、博弈问题，为企业上下达成共识打下基础，同时也实现了目标与具体营销对策、行动和资源的有效匹配。

相对很多小企业或创业企业，可能前三步已经能够制订出上下共识，既有达成性又有挑战性的营销目标了。

对于工业品和中间产品的企业，上述七步法可以直接应用；对于面向广大消费者的快速消费品行业，针对经销商或者代理商同样可以运用上述梳理过程；对于直接面向消费者的门店则根据商圈特征和进店消费者优化应用，量身定制。

☆ **关键困惑点解析**

1. 必达（底线）目标、进取目标、挑战目标的区分

解析：上述 7 个步骤中，第 1~3 步属于现有资源条件和能力条件下的逻辑梳理，这 3 个步骤核算的目标属于必达（底线）目标。

第 4~6 步属于提升能力、优化政策条件的范畴，达成难度加大，但希望通过努力能够实现，这部分目标组成可以属于进取目标。

第 7 步属于资源匹配，达成难度更大，因为新员工、新产品、新市场的达成度将逐步下降，这部分目标组成可以属于挑战目标。

2. 由易到难，渐进式达成上下共识

解析：上述 7 个步骤是一个循序渐进、由易到难的过程。这个过程很重要的一个目的是实现企业所有者与企业经营者之间、企业经营者与员工之间按照一个统一的思维逻辑系统化梳理，实现上下共识、相互协同、理解支持。

3. 目标与行动计划匹配

解析：上述 7 个步骤细分的目的不是为了哗众取宠，而是解析了营销目标制定与具体行动的匹配过程，将难以把握的营销目标与具体营销行动计划匹配，从而实现目标与过程管理的有机结合。

☆ **灵感故事：企业销售目标制订"七步成诗法"**

那是刚开始做咨询的第 1 年，笔者有幸成为长沙市工信委主办的"十百千"管理升级擂台赛的教练组组长。

在与企业共同进行 100 天营销瓶颈突破方案制定时，营销目标设置总会遇到巨大的难题，是老板拍脑袋定，还是定个如 20% 的数字，或是将过去 3 年的增长率做个平均数？

而且，在销售目标制订过程中，很大程度上变成了"博弈"（当然，这其中还有考核目标的问题，所以使营销团队不敢承诺高目标和呈现机会，本书第四章介绍对这个难题进行的有效探索和实践），如何制订相对科学、合理、承载上下共识的营销目标成为企业上下最迫切的诉求。

某次与一家企业老板交流过程中，在我们俩共同"谦虚"地说自己是个"懒人"，懒人创造了世界时，笔者突然灵机一动：营销目标为什么不能从最"懒"、最容易的切入视角和方式开始考虑，而最"懒"、最容易的营销视角和方式不就是不做主动营销吗——自然增长。由自然增长开始，结合四类客户（潜在客户、目标客户、成交客户、VIP 客户）的三级转化，那么第二容易的营销视角和方式一定是老客户价值挖潜而不是新客户开发，老客户潜力挖尽才会到第 3 步新客户开发；后面的 4 个步骤全部需要"改变"（变革），而变革是有难度的，最容易的又是老客户销售政策的变革，其次是新客户销售政策变革，再次是营销方式的变革，其中全部隐含了销售团队个人和团队能力的成长……

通过上述思考，7 个步骤豁然出现……

☆ 典型案例：省域农药市场目标制订

2010 年 10 月，笔者刚梳理出"营销目标制订七步成诗法"不久，笔者去一家农药领域的企业进行月度现场辅导服务。

因为农药企业的特性，每年 10 月开始，企业全体营销人员将从"战场"回家"休养生息"近半年，共同学习提高和制订来年目标。也就是在这家企业的辅导现场，有点类似于喜剧的一幕出现了——原公司市场部副经理刚刚宣布调任湖北大区任区域经理，现场各个省域经理带队在制订来年营销目标。这位原市场部副经理以前重要的职责是协助老板"拍"各个区域的销售任务目标，在他基本确定各区域目标任务的时候，他"被"调任湖北区域经理了，其他区域经理想看看他如何平衡他自己现在分管区域定的目标以及与老板如何进行"博弈"。

我们教练组一行到现场的时候，他们已经工作了几天，但对目标难以达成共识，而这位"可怜"的新任湖北区域经理被尴尬地"夹"在了中间。

在现场，既为了解困，又为了达成共识和知识转移，笔者讲解了"营销目标制订七步成诗法"，并拉着这位原市场部副经理一起就湖北区域的目标制订进行了现场探讨、核算。

原来，2010年湖北区域销售实现500万元左右，远低于老板预期才走马换将，这位新任经理被调任前为这个区域定了750万元增长50%的目标，但这个目标在他到任后有些担心，同时即使是750万元的目标也并不能达到老板的预期。

我们与湖北区域全体营销人员一起共同在白板前（在全公司其他区域全体营销人员的注视下）边讨论边核算，经过第1步自然增长，全年销售可能下降到400万元左右；湖北区域有103个县（区），真正有代理和实现销售的并不多，销售量达到一定程度并可以称之为VIP代理商也不多，所以，经过第2、第3步后，销售任务核算已经可以达到800多万元了；再经过第4~6步，在不增加资源配置的情况下，2011年销售机会和可能初步超过1000万元。

因为是由总到分，再由分到总的一个一个县（区）核算的，指向非常具体、明确，全体区域成员非常有信心。更加令这位经理感动的是，通过这个短短的过程，新任湖北区域经理将区域销售的现状、每名员工特点、未来的关键突破点把握得一清二楚。

在不到 2 个小时确定初步目标后，企业老板非常感慨：方法就是比困难多，上下达成共识、树立信心、建立信任的过程是最重要的，定多少目标真的还在其次。

第三节　增效更需降本

时间要倒流到 2004 年，日产派驻专家为东风汽车公司 QCD 改善（导入日产生产方式的表述，在 2003 年 7 月东风汽车公司与日产汽车公司合资组建中国最大的汽车合资公司——东风汽车有限公司后，日产汽车公司就选派最优秀的企业内部管理教练员到合资公司培养中方的内部教练员）教练员培训《原价管理》。一开始，日产专家就向大家提出一个问题：如何使一家企业利润翻番？

大家讨论出三个方向的三个可能结果，如图 2-6 所示。

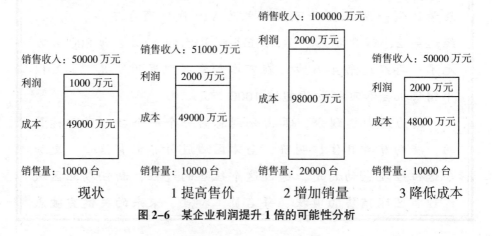

图 2-6　某企业利润提升 1 倍的可能性分析

最后大家得出一致结论，在充分竞争的市场经济条件下，第1、第2点提高售价和翻倍增加销量实施难度极大，而第3点则是最为可能的路径，通过内部挖潜，降低的成本费用就是企业净利。

☆ **典型案例：新品目标成本管理**

一家集团公司有两家生产同类产品的子公司，一家企业（权称为 A 公司）生产高端产品，2 亿元左右产能全部发挥，年利润 2000 万元以上；另一家企业（B 公司）生产低端产品，产能在 10 亿元以上，但由于市场变化、竞争加剧，当年亏损近 4000 万元，几乎每月亏损都超出 300 万元。

由于高端产品的市场需求快速放量，同时由于 B 公司的持续和逐步加剧的亏损局面，集团公司决定将 A 公司的高端产品，特别是新接高端产品订单由 B 公司生产。

高端产品与低端产品稍有不同，必须进行部分生产线的改造，会牺牲部分（20%）产能。同时，高端产品加工难度和精细度要求较高，对标准作业、员工技能和作业环境等综合因素提出了更高的要求。

起初，高端产品生产订单放在 B 公司生产时，产品合格率非常低，大量的原材料被成批浪费，产品质量的不能保证更加使客户订单交付周期不能保证，客户投诉和罚款事件频出，经营绩效还比不上全部生产低端产品时的状态。这种状态又反过来对员工情绪和干劲造成更加恶劣的负向影响。

因为这种高端产品快速上量是集团公司业务转型的关键环节，所以集团公司上下都非常关注，由于产品合格率的低下，涉及该产品研发、试制、生产的高、中、基层员工都被考核和勒令整改，由于难度较大，产生群体焦虑，离职、转岗要求提出者越来越多，反过来又恶化了生产品质和绩效的提升。

在笔者成为这家集团公司顾问的时候，情况已经非常紧急，一个近千人的大公司人心浮动、士气低落。

针对这种情况，我们采取的措施包括：

首先，以 A 公司成本状况、质量状况和合格率情况作为标杆，以 B 公司现状作为基础，并结合客户的诉求，制订了三级提升目标，将考核为主的激励政策改为正激励政策，将创造的业绩按照管理会计核算直接与他们的绩效收入挂钩。

其次，从已经改造生产高端产品的 4 条生产线中找到最优秀的员工，将他们的做法作为基准并鼓励他们带徒复制。

再次，在建议更换了分管高端产品的生产经理的基础上，通过比对，发现国内较优秀的类似工厂 1 人能够巡视 4 台机台，而目前 B 公司却是 2 人巡视一台机台（理由是人多可以及时发现更多异常），针对这种现状，规定以目前的 2 人/台为起点，如果实现 1 人/台，将减去人的工资的一半留在生产线。同时，因为是 24 小时连续生产，过去的横向班组间交接时是质量和成本管理最大的问题，且难以追溯，因此，将横向班组改为 24 小时持续负责的纵向班组，划小了责任主体。

最后，将 4 条线中的 1 条由 A 公司派人承包，引入竞争机制，促进 B 公司现场员工可直接向 A 公司员工学习……

在一系列的措施之后，B 公司现场管理能力大幅度提升，质量、效益都得到了巨大提升，在这个过程中，B 公司又应用量本利分析，详细核算了高端与低端产品的最佳比例，有计划地接到了后续国际、国内最知名公司的大订单，1 年后由每月亏损超过 300 万元扭转为每月盈利超过 300 万元（至 2016 年，平均单月利润已经超过 1000 万元）。

上述案例中，应用了激发人性的多种管理理论、方法和实践，其中涉及管理会计的方法包括目标成本法、标杆成本法和量本利分析。

☆ 关键困惑点解析

1. 目标成本法（VAVE）。MBA 智库百科这样定义目标成本法："目标成本法"是日本制造业创立的成本管理方法，目标成本法以给定的竞争价格为基础决定产品的成本，以保证实现预期的利润。即首先确定客户会为产品/服务付多少钱，然后回过头来设计能够产生期望利润水平的产品/服务和运营流程。

目标成本法的核心工作是制定新品目标成本，并通过各种方法不断地改进产品与工序设计，确保新品成本小于或等于目标成本。这一工作需要包括营销、开发与设计、采购、工程、财务与会计甚至供应商与顾客在内的设计小组或工作团队进行。

与传统的成本管理相比，目标成本法具有以下特色：

（1）在产品生命周期的初始阶段即注重成本的降低。传统的成本管理主要控制在生产阶段的耗费，即产品投产后的制造阶段，属于事后管理。而目标成本法主要是产品的研究、开发、规划与设计阶段实施，即在产品生命周期的初始阶段就进行充分透彻的分析，有助于避免后续生产过程的大量无效劳动，耗费无谓的成本，从而实现降低成本的目的。

（2）以顾客为导向谋求竞争优势。传统的成本管理以生产为中心，难以适应复杂多变的外部环境。目标成本法是以顾客认可的价格、功能、需求量等因素为出发点，起始于对产品价格的估算。而产品价格综合考虑了多种因素的影响，包括产品的功能、性质及市场竞争力等。对于价格和功能的权衡选择也反映了企业的战略和对产品发展的需要。

（3）拓宽了企业成本管理的范围。传统的成本管理在过程上重视控制生产阶段的耗费，在范围上局限于企业的内部。而目标成本法则超越了这一局限：在过程上，成本管理在产品的整个价值链，从产品的设计、原材料的采购、产中、产后、产品的销售和售后服务的全过程进行成本控制；在范围上，超越了企业的边界，构建了包括上游和下游的产品成本价值链，使供应商在满足产品性能水平的基础上提供成本最低的零部件。

2. 标杆成本法

百度百科这样定义标杆成本法：企业生产所采用的产品标准成本，是企业通过对国内外的最畅销产品的样机进行全面的分析与测试，并对其每个零部件进行分析、询价、核价，对整机信息进行全面比较，分别按部件种类、材料种类、零部件数量和零部件重量进行专项比较，分析每种样机的材料成本、毛利，最终以此为标准来确定本企业的产品材料成本。

3. 量本利分析法

百度百科这样定义量本利分析法：全称为产量成本利润分析，也叫保本分析或盈亏平衡分析，是通过分析生产成本、销售利润和产品数量这三者的关系，掌握盈亏变化的规律，指导企业选择能够以最小的成本生产最多产品并可使企业获得最大利润的经营方案。

☆ **典型案例：总部的管理费用也可以降低**

一个管理费用很高的公司老板希望能够通过有效的方式降低总部管理成本。

通过调研、分析和梳理，这家公司过高的管理费用体现在：一是公司业务遍布中国各地，总部管理人员的差旅费用很大；二是"彼德原理"，人员能力一般，人员较多，人浮于事，很大程度上还会对具体业务产生干扰。

针对这种情况，老板下定决心做了两个环节的改善。一是加强差旅的计划性，规定如果出差订到 6 折以下的机票，节约部分（实际价格-6 折）按照50%奖励大家（本书第四章会详细介绍激励政策的应用案例）；二是从 9 月开始，各个部门在人力资源部门指导下按照科学的方法定编定岗、人力资源优化，如果可以减人，减人不减工资，按照比例分配给留下的部门总监和员工（这样公司节约了五险一金）。

通过上述举措，差旅费用当月下降30%以上，当年年终总部人员减少了近40%，人员工资平均提升了30%，管理费用大幅度下降。而更重要的是，留下和引进的都是意愿和能力相对较好的员工，办事效率大幅度提升。

☆ **典型案例：可以管到每张纸**

一家公司在导入管理会计的过程中，为了衡量管理人员的价值，将其办公室的面积、使用的桌椅按照折旧核算为固定成本，将使用的打印纸等办公耗材作为其消耗的变动成本等，在综合上年度各个部门、各个员工综合消耗的基础上，设置了以部门和个人为对象的相关管理部门和人员成本定额和目标，并同步设置了相关激励政策，节约成本的一定比例与相关部门和管理人员分享（为保证工作质量，长远考虑节约到一定程度后作为相关管理岗位的激励工资）。

在这个过程中，部门经理所考虑的问题是如何占用最少的办公面积、办公家具和办公费用——建设最精减、高效的管理团队。管理人员所考虑的是办公费用如何节约。

在一次交流中，该公司总经理自豪地向笔者讲，他们已经管到每张纸了，这个年销售8000万元的企业，一年下来用了不到10包复制纸。

实际上，成本管理是一个持续的过程，我们可以按照图2-7进行有效的成本管理。

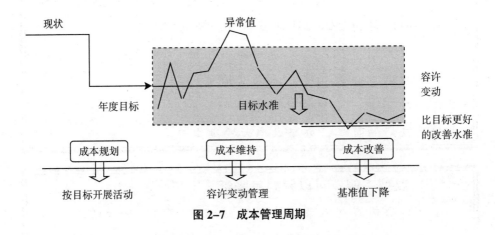

图 2-7　成本管理周期

图2-7为我们提供了一个有效的成本管理的思维路径。

1．成本规划

（1）明确现状。通过管理会计将相关成本费用科目按照绝对值和相对值（百分比和单位成本）有效区分，为趋势管理打下基础，并按照相关部门和岗位划分管理权限和责任。

（2）明确标杆。同其他同业、公司、部门、班组、岗位进行比较（对标），找到差距和改善方向。

（3）确定目标、对策和行动计划。以现状为基础和起点，制订一个有上下限度的宽幅目标，同时将目标与对策同时制订，明确行动计划，落实阶段目标、时间节点和责任者。

2．成本维持

按照既定计划展开行动并鼓励过程创造性实践，过程中做好数字和指标的统计、分析和对比工作，不断总结经验和纠正不良行为。

3．成本改善

（1）根据成本改善措施的落地、执行，修正成本管理的基准（目标），推动成本改善。

（2）将改善成果与岗位、班组、部门、公司绩效激励挂钩，促进全员努力改善。

成本与每位员工的工作紧密关联，成本管理中起主导作用的是每位员工，要使每位作业者真正有效地发挥作用，就必须要求各级管理者认识到：①使每位员工都意识到成本的重要性。②做到使成本不偏离目标或基准。

具体实践措施的核心要素在于：

（1）提高成本意识。

1）养成对所有工作使用金钱换算的思考习惯（时间成本：×元/分钟，×元/步，×元/日光灯×H）。

2）将成本情况定期向全体员工通报（以月、周、日为单位，按照趋势管理的形式）。

3）把握其他公司/部门的活动情况，保持竞争意识，明确标杆。

4）公平评价活动情况并及时反馈。

（2）目标管理的实施。

1）全员开展达成目标的活动计划，尊重全体的自主和创造性，管理者带动汇总。

2）经常比较目标，基准与实绩，明确问题和采取的对策。

3）协调与上级和下级关系，调动员工积极性。

4）从成本方面来掌握好现状。

第四节　速度就是效率，时间就是效益

因为业务关系，笔者与佛山一家做废铜的贸易型企业交流业务合作时，对其运营模式有了一定了解，使笔者对杜邦公式的理解更加深入。

这家企业从国外收集回以废铜导线为主的原材料，然后去除外皮，按照稍低于伦敦铜期货价的价格销售，而企业的毛利空间只有 1000 元/吨。

对这家企业而言，已经不能谈什么销售收入了，这对其没有意义——按照当时笔者见这家企业老板时的期铜价格大约 5 万元/吨，该企业的毛利率只有 2%，这位老板苦笑比搬运工的报酬还低。

　　该企业在这种情况下只有快速周转，他们用 1 亿元的现金实现了 1 次/周的周转，也就是每周 1 亿元周转出 2000 吨×1000 元/吨＝200 万元（按照当时 5 万元/吨价格），实现了全年大约 200 万元×50 周＝1 亿元的毛利（投资回报），这家企业的投资回报率达到了近 100%。

☆ 典型案例：管理回款重点是管理时间

　　一家集团公司内部，有几家工业品企业，他们面对着同样一类下游客户，但这几家公司的资金周转情况却存在很大的差距。有一家的应收账款的周转次数只有 2.5 次不到，而面对同样客户的其他类别产品的另一家公司的应收账款周转次数却达到了几乎近 4 次。

　　在原来该公司实施应收账款的额度管理和分析时，这种差距从总部角度是难以如此真实地被可视化发掘的。

　　经过分析，这家应收账款周转次数不足 2.5 次的公司除了市场竞争确实相对激烈一些外，公司内部的管理和重视程度，特别是激励评价的维度是导致失控的主要原因。

　　基于此，为提升流动资产周转率，特别是应收账款周转率，大家共同协商制定如下实施策略和措施：

　　（1）将应收账款进行分类，按照公司与客户签订的商务合同规定账期内回款的、超过账期一个月内回款的、3 个月内回款的和大于 3 个月以上回款或未及时回款的，按照客户、责任业务经理进行分类分析把握。

　　（2）对逾期应收账款按照分客户、分业务经理分别针对性制订回款清收计划。

　　（3）修改评价激励政策，将销售提成改为回款额提成，逾期按照财务成本（贷款利息）的一定百分比进行负激励。

（4）优化营销业务流程，对每笔订单建立标准回款追索标准流程，于订单回款前1周、前1天、逾期1天、逾期7天设置标准客户催收函和法律文书函，由财务开始对营销业务经理提醒到后期养成习惯持续执行。

☆ **典型案例：问题在生产，源头在营销，根子在政策**

一家典型的装备制造企业，请我们去帮助推动管理改善时，他们设备制造交付周期总接近4个月，而即使承诺4个月交期，设备年度综合准交率也只有43%左右。

通过全价值链综合分析，我们发现，核心原因还是企业对营销团队的评价激励政策出了问题。因为是按照销售额进行提成，在装备数量一定的情况下，销售人员一定会努力争取卖出高价钱，但是，问题也随之产生，为了提高装备价格，必须为装备配置德国西门子、法国施耐德的进口关键部件而非国产的关键部件，而德国进口的部件不承诺建储，必须给足3个月交期，加之企业生产、采购计划管理混乱，在"等待"德国进口部件时，一个订单的其他部件20天内基本生产和采购完毕，放在仓库中"睡觉"，等待它们的德国"同伙"3个月后到达组装。

更加可怕的情况是，好不容易进口部件到达准备组装的时候，发现"以为"已经准备好的其他部件要么质量出问题、要么数量出现问题，交期被一次次"意外"拖延。

这个时候，我们必须帮助老板打破几个根深蒂固的"以为"：

（1）企业老板"感觉"的高价格一定会使公司赚钱更多吗？

（2）销售人员赚得多公司一定赚得多吗？

（3）客户到底要的是进口部件还是什么？

对于第（1）和第（2）个问题，我们直接为老板画了一个图（见图2-8），假设使用一些相对取整的数字对比分析，采用国产部件产品的变动成本为10万元/台，采用进口部件产品变动成本为20万元/台，按照成本法一般行业毛利空间为10万元/台，公司给销售人员的提成比例为5%。在这种条件下，销售国产部件产品实际上还比销售进口部件产品毛利（变动成本边际贡献）多了0.5万元（仅从利润空间角度分析，销售人员的不合理提成多了，反而损害了公司价值）。

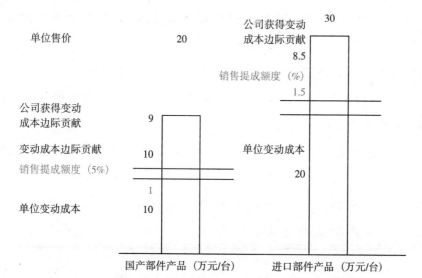

图2-8　公司两种不同部件产品实现的变动成本边际贡献额度分析

通过这样的管理会计核算，真的把企业老板给吓了一大跳。有了认知的改变，第（3）个问题本身就不是问题，客户要的是综合性价比和快交货，因为如果提前3个月快速交货，客户就会提前3个月产出客户自身的效益。

基于上述分析，公司上下统一了共识，将交付周期改善目标定为1个月，准交率目标定为90%，三项核心措施在于：

（1）改变营销激励政策为毛利（变动成本边际贡献）提成，如毛利（变动成本边际贡献）率为50%，则将提成比例由原来的5%提升为10%（保证销售人员的既得比例）。同时，按照回款激励，而非订单激励，促进销售团队将注意力转变为现金流，在保证销售团队既得利益不改变的情况下优化激励导向，促进实现企业和团队共赢。

（2）向客户营销的价值主张由过去的进口关键部件改为客户速度、效率和效益（帮助客户降低采购成本和快速交付），选用质量相差不多，但价格和交期更加具备竞争力的国产关键部件。

（3）优化生产采购计划和存货管理，根据最长部件的生产、采购周期倒排计划，保证部件质量和数量的前提下大幅度降低存货资金占用。

通过上述改善，4个月后，该企业交付周期被压缩为25天，订单准交率被提升至94%。企业货存资金占用大幅度下降。更重要的是，应收账款和存货周转率被大幅度提升，企业的净资产收益率大幅度提升。

很多专家和管理者都在谈时间管理，而时间管理的维度大部分是以"人"为对象，特别是对自身的时间管理。

但实际上，企业对"物"的管理，特别是基于"物流"的时间管理也是非常重要的。正如杜邦公式所描述的，净资产收益率=

销售净利率×资产周转率×权益乘数。

笔者一般称销售净利率为"利润空间"（简称"空间"），称资产周转率为"赚钱速度"（简称"时间"），所以，管理者要想提升净资产收益（投资回报）率，核心就是要有效展开"时间"和"空间"管理，如图2-9所示。

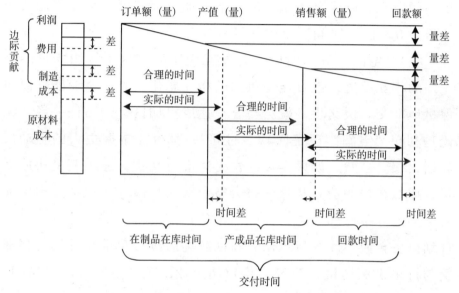

图2-9 典型企业"时间"和"空间"管理结构

通过图2-9，我们可以得到下述结论：

（1）企业希望获得更多的利润"空间"，而实际的情况是，我们获得的订单量（额）在生产、销售出货、回款过程中都在层层递减；但我们可以通过变动成本的有效控制和压缩、削减来进行有效控制，并努力增加企业利润"空间"。

（2）从原材料采购计划下达开始，实际上我们就已经在进行"时间"管理了，为了保证数量和质量，企业一般会加大采购数量和压缩能够为原材料供方所给予的实际订单周期，再加之企业内部的生产周期、成品后在库等待周期、客户回款周期，我们可以将此称之为"信息流时间"；如果从原材料采购时的采购款项付出开始，再到客户回款，则可以称之为"资金流时间"；资金流时间直接决定了公司的资产周转率。

这样，如何保证有效的计划时间与实际匹配，如何采取有效措施颠覆现有供应链体系更加快速地加速资产周转率，则需要企业努力寻求的"时间"维度的经营改善。

（3）"空间"和"时间"是相互作用的，这个作用既可能是正向的相互促进，也可能是负向的相互恶化。如果企业能够保质保量地准交、快交货，就会与客户达成更加良好的信任关系，无论是利润"空间"还是回款"时间"，都可能掌握更大的主动权和话语权。当然，如果企业经常无法准时交货，还不要说快速交货，那么客户的信心和信任将会被一次次打击，客户会提出更加苛刻的商务条件和条款，如因为不信任还会将交期压缩下达订单计划以备企业不能履行承诺，将回款与后续订单准交挂钩，将准交与订单份额挂钩，等等，将致使企业出现"空间"和"时间"管理的恶性循环。

对于快销品而言，那更加简单——无货？不能准交？那好，消费者就买别人的吧！

所以，基于"物"的"物流"并以"信息流"为基础，以"资金流"为主线的"时间"管理是如此之重要。要引起企业老板和高层的"严重关注"并投入巨大的时间和精力去思考、反省和改善。

第五节 老板的责任：固定资产可以周转，"杠杆"可以撬动世界

如果销售收入（量）提升、利润空间（成本、费用压缩）提升、流动资产加速（时间）以委托的方式由代理人（职业经理人）去经营管理和改善的话，那么，固定资产和权益乘数的问题，就必须以老板为核心进行思考、设计和建构了。

固定资产投入如何有效支撑投资回报（净资产收益）率，实际上在企业的创业和成长阶段都很重要。很多时候，笔者发现在中国的民营企业，投入多少和投资回报情况如何可能并不一定是企业老板关心的，很大程度上需要从心理上进行分析。

☆ **延伸阅读：巨人大厦 16 年后仍是烂尾楼：除了更沧桑，其他都没变化**[①]

丰碑梦成噩梦，在企业家中并非稀罕事。企业界记忆犹新的，是史玉柱曾遭遇过的一劫。

珠海的刘小姐对本报记者表示，16 年过去了，不足 3 层的巨人大厦依旧是烂尾楼一座。"除了变得更沧桑外，其他没什么变化。"

1991 年，在深圳赚得第一桶金的史玉柱移师珠海，建立珠海巨人新技术公司。

---

① 第一财经日报，凤凰房产，2013 年 7 月 25 日 09：38。

当时正值全国房地产热，史玉柱开始铺开多元化事业蓝图——计算机、生物工程和房地产三头并进。

巨人集团在珠海获得了一块9万平方米的土地，史玉柱一脚踏进了房地产业。一座原本计划总投资2亿元的18层巨人大厦，在各种因素的推波助澜下，变成计划总投资12亿元，总楼层高达70层的珠海标志性建筑。

1994年，巨人大厦开始破土动工。公开资料显示，大厦动工时，为筹措资金巨人集团在香港、内地卖楼花分别拿到了6000万港元、4000万元人民币。其中在内地签订的楼花买卖协议规定，三年大楼一期工程（盖20层）完工后履约，如未能如期完工，应退还定金并给予经济补偿。

1995年9月，肆意扩张的巨人集团发展形势急转直下，年底，其财务状况进一步恶化。为保证连续开工，焦急的史玉柱将生物工程的流动资金抽出投入到大厦的建设中。

1996年底，巨人大厦一期工程未能完成，建大厦时卖给内地的4000万楼花就成了导致巨人集团财务危机的导火索。当年，全国保健品市场普遍下滑，巨人集团一息尚存的生物产业受到了极大的影响，而巨人大厦不断地抽血，也使得生物工程失去了造血功能，巨人集团资金几近枯竭。

1997年初，资金链断裂的巨人大厦，只建到地面三层就停工了。随后，巨人集团财务危机爆发，史玉柱从公众视野"消失"。

4年之后，传奇般复出的史玉柱，很快还清了巨人大厦的所有债务。2007年，巨人网络（GA.NYSE）在美国纽约证券交易所挂牌上市，东山再起的史玉柱对媒体表示，以后不做房地产了。

2000 年前后，史玉柱总结巨人大厦为何越建越高时如此总结原因：是无法克制的贪欲。

"那是我一生的痛"，史玉柱说："我再也不想看到这个鬼地方了！这是我一生最大失误的决策，也是我的伤心地。巨人大厦从 38 层一直长到 78 层。好大喜功，我真是昏了头！"

笔者对很多中国民营企业家不客气地给出结论，"小老板是地主思维，大老板是皇帝思维"，企业稍稍有所发展，买地、建房的"贪欲"就会不断被唤醒。

正如笔者所分享的同一园区两家企业的故事，一家在建设初期买地过多，开始时固定资产投入过大，但他们及时反省和中止过度投入，使企业虽然背负了一些不必要的包袱，但还能良性发展。

另一家在建设初期因为资金限制固定投入相对较少，促进了企业初期快速发展，但企业到一定程度的时候，老板就与史玉柱一样"膨胀"地去投资"面子"，结果却使企业发展陷入泥潭。

已经投入了怎么办？换个角度看，将固定资产全部看成"钱"，看成"流动资产"就可能有另外的设想和视角了。正如笔者向企业老板们讲，你把眼睛里的桌子、凳子都看成"钱"，想尽方法把它们"流动"（用）起来。

用企业自身的自有现金流投入到固定资产可能还是为了有抵押物而获得"贷款"，但如果"货款"是为了投入固定资产彰显"面子"，那么给企业带来麻烦的概率可能更大。

☆ **理解：权益乘数（百度百科）**

权益乘数又称股本乘数，是指资产总额相当于股东权益的倍数。权益乘数＝资产总额/股东权益总额，即权益乘数＝$1/(1-资产负债率)$。权益乘数越大表明所有者投入企业的资本占全部资产的比重越小，企业负债的程度越高。

权益乘数较大，表明企业负债较多，一般会导致企业财务杠杆率较高，财务风险较大，在企业管理中就必须寻求一个最优资本结构，从而实现企业价值最大化。再如在借入资本成本率小于企业的资产报酬单时，借入资金首先会产生避税效应（债务利息税前扣除），同时杠杆扩大，使企业价值随债务增加而增加。但杠杆扩大也使企业的破产可能性上升，而破产风险又会使企业价值下降，等等。

权益乘数，代表公司所有可供运用的总资产是业主权益的几倍。权益乘数越大，代表公司向外融资的财务杠杆倍数也越大，公司会承担较大的风险。但是，若公司营运状况刚好处于向上趋势中，较高的权益乘数反而可以创造更高的公司获利，通过提高公司的股东权益报酬率，对公司的股票价值产生正面激励效果。

第六节　价值创造的 "责、权、利"

企业的价值来源于利益相关者的诉求，基于诉求就会产生企业价值（递进式的）目标，围绕价值目标就要求必须明确机会和匹配资源，并最终根据价值创造进行有效的价值分享，进而促进企业创造更多价值，如图 2-10 所示。

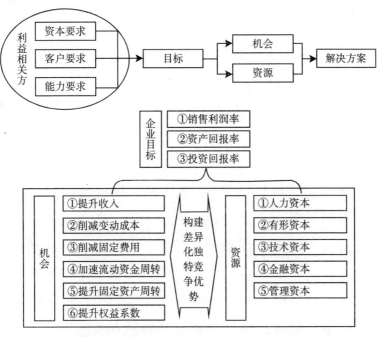

图 2-10 价值目标、机会、资源的系统匹配

从基本的销售利润率开始，加之（乘）资产周转率，进而追求资产回报率，加之（乘）权益乘数（杠杆），进而确定投资回报率（净资产收益率）目标，为了达成上述企业价值目标，通过前文所述的杜邦公式推导，我们得出了企业实现价值创造的六大机会和路径，为了实现这六大机会，就需要企业匹配相应的资源，这些资源包括人力资源（本）、有形资源（本）、技术资源（本）、金融资源（本）和管理资源（本）。

机会与资源匹配的目的在于，站在市场营销和客户角度构建差异化的独特竞争优势角度，最终能够唤起客户的认知价值，从而实现交换价值，进而实现企业追求的经济价值；站在投资者角度是获得投资回报的能力，因为在创造客户的认知价值和交换价值基础上，实现资本角度的企业价值。

本书所列五大资源（本）中，前三大的人力资源（本）、有形资源（本）、技术资源（本）在企业经过一定发展过程后，就会有一定的积累，比较欠缺的是金融资源（本）和管理资源（本）的助力。

即使企业拥有人力资源（本）、有形资源（本）、技术资源（本）三大资源（本），但大部分企业内部的匹配效率和效果并不乐观，并没有有效做到"人尽其才、物尽其用"。而且很大程度上企业发展越大、越快时，效率低下的问题反而更加明显。

如何有效地通过金融资源（本）助力，充分发挥股权、债权融资支持企业发展的作用正成为很多企业的共识和行动；对于管理资源（本）而言，中国的民营企业家重视得还是不够，本书实际上是站在管理资源（本）角度希望对企业价值创造有所助益。

所有这五大资源（本）的核心实际是人力资源（本）和管理资源（本），因为所有资源（本）都必须通过"人"来实施、实践和创造，必须通过"管理"进行有效的协同和匹配。

这其中最重要的论迷实际上是 2006 年诺贝尔经济学奖得主埃德蒙·费尔普斯教授所指出的：激发创造价值的意愿和能力的机制是一个企业能够创造更大价值的最为关键的要素。通俗而言，这就是中国人常讲的"责、权、利"，建立一个创造价值、分享价值的"责、权、利"对等的企业内部机制和制度，将是企业家们的第一要务。

☆ **大家之见：埃德蒙·费尔普斯教授在《大繁荣》一书中的真知灼见**

"事实上，只有1/7的产出增长归功于资本和土地投入的增加！"

在《大繁荣》一书中，经过对几百年来经济繁荣关键环节和要素的分析把握，埃德蒙·费尔普斯指出，"经济活力……是创新背后的深层动力与制度的综合体：革新的动力、必要的能力、对新事物的宽容度以及有关的支持制度。因此……活力是指创新的意愿和能力，而非现实的条件和障碍。"

☆ 大家之见：什么是管理

管理大师彼得·德鲁克在《管理：任务、责任、实践》一书中指出：

管理是一种实践，其本质不在于"知"，而在于"行"；其验证不在于逻辑，而在于成果；其唯一的权威就是成就。

管理必须完成三项同等重要而又极不相同的任务：

（1）确定本机构的特殊目的和使命（不论本机构是一个工商企业还是医院或大学）；

（2）使工作富有活力并使职工有成就；

（3）处理本机构对社会的影响和对社会的责任。

第三章　管理会计如何辅助企业有效决策

一家新成立的保险公司保费增长超过 100%，正在皆大欢喜之际，收到保监会的一纸通知：企业偿债能力不足，停止保费销售 3 个月……

彼得·德鲁克《管理：任务、责任、实践》认为：经理人员除了决策以外还做其他许多事，但做决策的却只有经理人员。因此，第一项管理技能就是做出有效的决策。

第一节　可以这样"拍板"

既然投资回报率是一个企业价值的基本衡量要素，那么就可以运用其相应的逻辑关系进行有效决策了。但是，由于投资回报率包含三个环节的要素结构，真实运用其呈现事实、辅助决策还需要做好管理会计的基本统计分析和数据准备工作。

> ☆ **典型案例：超过盈亏平衡点的灵活分产品定价策略**
> 一家年销售近 10 亿元的公司正在进行产品结构转型，其

中由两种主要产品，而两种产品的基础材料是一样的（是一种相对价格和价值较高的有色金属）。在正常情况下，正在上量的新产品毛利非常高，而原来产品毛利很低，但由于加工难度和品质要求，刚开始时，新产品品质问题频出，使制造成本大幅上涨，导致毛利被大幅压缩。

在原来全部生产老产品的情况下，企业每月的经营亏损达到了 300 万元左右。所以，无论如何，企业必须进行产品结构调整和品质提升。

经过 1 年多持续的努力，生产线改造、质量改进、人员训练、激励机制优化……在新产品销售量每月达到 500 吨、老产品销售量达到 1500 吨左右情况下，企业终于实现扭亏，初步达到了盈亏平衡。这个时候，一个声音越来越大（甚至来自最高决策层）：快速停掉所有老产品。

这时，就必须通过管理会计核算验证这样一种"假设"能否成为一个决策。通过图 3-1，我们初步从单位成本角度对现状进行了把握。

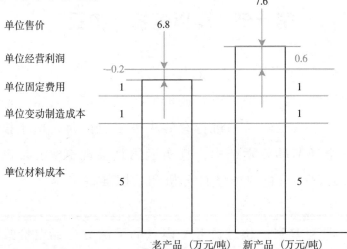

图 3-1　两种产品单位成本角度分析

通过图 3-1 我们发现，新老产品的材料成本、单位变动制造成本和分摊固定费用几乎都是一样的。左面的老产品有 8000 元/吨的边际贡献，每吨亏损-2000 元，而右面的新产品有 16000 元/吨的边际贡献，创造了+6000 元/吨的经营利润。

两种产品分别创造了-300 万元和+300 万元经营利润，即老产品创造了 1500 吨×（-0.2）万元/吨 = -300 万元经营利润，新产品创造了 500 吨×（+0.6）万元/吨 = +300 万元经营利润，两者求和正好为0——企业实现了盈亏平衡。

但不要忘记的是，老产品承担了巨大的固定费用 = 1500 吨×1 万元/吨 = 1500 万元。

如果停止老产品，则公司的经营结果将 = 500 吨×1.6 万元/吨（边际贡献）- 2000 万元（固定费用）= -1200 万元，将会比单独生产老产品（-300 万元）亏损更大。

而且，这家公司已经到达了一个关键节点：盈亏平衡。还记得前文的结论吗——超过盈亏平衡，边际将全部变为净利——因为此时，固定费用已经被全部摊销，如果生产有正的边际贡献的产品，边际贡献将全部变为净利。

而在这家企业两种产品匹配实现的盈亏平衡的情况下，数量较大的单位净利为负的老产品公摊的固定费用实际上更多。

假设该公司每月再接 500 吨老产品订单将是什么结果：400 万元（净利）= 500 吨×0.8 万元/吨（边际贡献），如果原有条件不变，再接 500 吨新产品订单将是什么结果：800 万元（净利）= 500 吨×1.6 万元/吨（边际贡献）。

通过上述定量分析，统一了大家的思想，达成了充分共识，实现了最有效的决策。

☆ 典型案例：宁可让价不让时间

一家年销售近 5 亿元的工业品公司年底接到了它的销量第二大客户的降价和改变商务政策的书面通知，希望公司能够降低价格以及将 3 个月应收账款周期延长至 4 个月。

这是该行业的一般情况，每年底，客户都会出具这样的书面通知，在价格和账期环节，作为供方，都必须有所回应，也必须有所动作，起码在某个环节需要表现出诚意，否则可能会被客户降低供货份额。当然，也不是客户要求降多少价格或延长多少账期就是多少，有讨价还价的可能，但一般需要有明确的理由。

同时，企业也必须考虑同业竞争的情况，也必须考虑其他大客户的情况，必须综合平衡好各种利益关系和做好信息的相对保密工作。

其时，该公司产能发挥已至极限，在设备比较老旧的状态下，由于相对出色的内部管理和品质表现，还能保持行业内相对最高的售价和前三名的份额；但行业内其他对手早已对其市场和价格虎视眈眈，较为优秀的竞争对手几年来设备投入和品质提升很快，一直在通过价格战侵蚀其市场；同时，客户几年来围绕价格和账期一直都在提出降价和延长账期的要求，虽然公司一直采取积极主动的降成本措施，但公司变动成本的边际贡献也在逐步降低，应收账款周转的压力逐步增大——该公司总经理说，近一两年来已经疲于应付，无法可想……

笔者问他准备怎么办，他说，毛利快没有了，价格坚决不降，延长 1 个月账期吧！财务总监不干了，说："老大，钱快转不动了。"他吼了起来："再降价就没钱挣了，这企业干得还有什么意思。"

笔者劝他先别急，尝试通过杜邦公式进行一下客户的价值分析。

当时，该客户为公司每年贡献了 1 亿元左右的销售收入，实现的净利率大约有 8% 左右，公司的变动成本有 80% 左右，公司应收账款大约 3 个月，生产周期大约为 1 个月，流动资产的周转次数大约为 3 次左右。同时，公司目前的固定资产经过 20 多年虽然时常修补，但经过折旧净资产只有 1000 万元左右，按照销售收入的 1/5 分摊比例该客户分摊 200 万元，公司的负债率为 50% 左右。

基于上述基础数据把握，笔者建议按照杜邦公式与企业决策和营销团队一起共同进行分析，分析过程如图 3-2 所示。

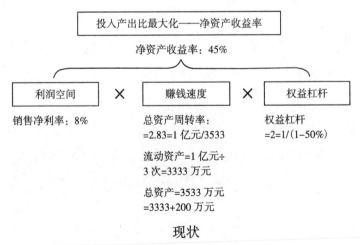

图 3-2　该公司对某客户进行的价值分析

基于上述现状把握，大家应用杜邦公式对两种情况进行了分析，一是价格下降 2%，二是账期延长 1 个月，如图 3-3 所示。

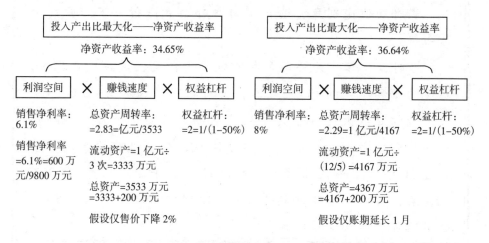

图 3-3 两种情况下的该客户价值变化情况

针对第二种情况，我们的假设是该企业未改变权益杠杆情况下的一比一的通过自有资金和债务方式解决。但如果企业现金流情况不乐观，很可能还会大部分借贷或全部借贷，则会加大负债，减少公司净资产比例，随之该企业的权益杠杆将会放大，这样而言第二种情况——延长账期 1 个月为公司带来的净资产收益率的损失将会更小。

那是否就按照第二种情况答复客户呢？

真实的答案绝大部分情况下却是选择第一种。为什么呢？

因为，实际上，企业内部存在降成本的可能性，如图 3-4 所示。

基于上述分析，公司的净资产收益率又有了大幅度的提升。读者这时可能会非常疑惑：延长账期一样可以降成本啊，这样公司获得的净资产回报率不是更高吗？

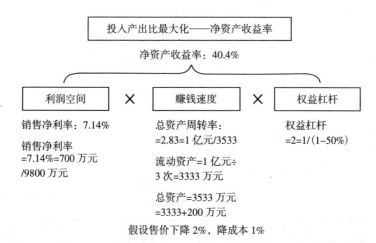

图3-4 假设售价下降同时内部可以降低1%成本情况下的某客户价值分析

所以，这又引出第二个分析的角度，必须与公司的现金流结合起来系统分析，毕竟，以现金流衡量的净资产收益率才有意义，别让增长使企业的现金陷于断流的境地。

> ☆ **典型案例：追求合理、匹配的增长速度**
>
> 《公司理财》（原书第9版，斯蒂芬A.罗斯，伦道夫W.威斯特菲尔德，杰弗利F.杰富国合著，机械工业出版社）中举了一个Hoffman公司的例子。笔者权作引用并对其中的内容做部分修改（增加相关科目的百分比数字）。

这家公司的利润表与资产负债简表如表3-1所示。

表3-1 Hoffman公司的利润表与资产负债简表

利润表		
	金额	占销售额（%）
销售额	500	100
成 本	400	80
应税所得	100	20

续表

利润表			
税（34%）	34	6.8	
净利润	66	13.2	
股 利	22	4.4	备注：1/3
留存收益增加额	44	8.8	备注：2/3

资产负债表				
	金额	周转率		金额	%
流动资产	200	2.5	总负债	250	无可比
固定资产净额	300	5/3	所有者权益	250	无可比
总资产	500	1	总计	500	无可比

如果这家公司预计下年度的销售水平会增加 100 美元，就可以编制出表 3-2。

表 3-2　Hoffman 公司的预测利润表与预测资产负债简表

利润表		
	金额	占销售额（%）
销售额	600	100
成 本	480	80
应税所得	120	20
税（34%）	40.8	6.8
净利润	79.2	13.2
股 利	26.4	4.4
留存收益增加额	52.8	8.8

资产负债表					
	金额	周转率		金额	%
流动资产	240	2.5	总负债	250	无可比
固定资产净额	360	5/3	所有者权益	302.8	无可比
总资产	600	1	总计	552.8	无可比
			外部融资需求量	47.2	

如表 3-2 所示，按照 20% 的增长率，该公司需要新增 100 美元的资产，预计留存收益会增加 52.8 美元，所以，外部融资需要量（EFN）为 100 − 52.8 = 47.2（美元）。

由于该公司负债权益比起初是 1（相当于杜邦公式中的权益乘数为 2），假设该公司不打算出售新的权益，则外部融资需要量（EFN）必须靠借债取得，在不同的增长率情况下，企业的外部融资需要量（EFN）将是不同的，而负债权益比将同样发生变化，如表 3-3 所示。

表 3-3　Hoffman 公司的增长率与预计外部融资需要量（EFN）

预计销售 增长率（%）	要求资产加额 （美元）	留存收益增加额 （美元）	融资需求量 （美元）	预计负债 权益比	预计权益乘数
0	0	44.0	−44.0	0.70	1.70
5	25	46.2	−21.2	0.77	1.77
10	50	48.4	1.6	0.84	1.84
15	75	50.6	24.4	0.91	1.91
20	100	52.8	47.2	0.98	1.98
25	125	55.0	70	1.05	2.05

表 3-3 表明，当增长率较低时，该公司会出现资金冗余，负债权益比（权益乘数）下降，但当增长率上升至 10% 左右，资金冗余变成资金缺口，当增长率再进一步超过 20% 时，负债权益比就会超过原来的 1。

根据表 3-3，我们可以绘制出图 3-5。

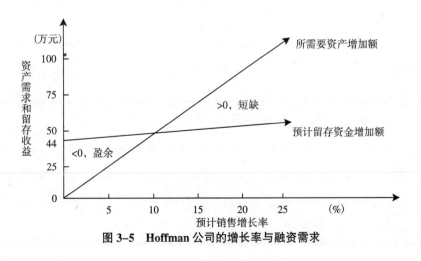

图 3-5　Hoffman 公司的增长率与融资需求

图 3-5 直观地告知我们，我们最佳的销售增长率为 10% 多一点点，低于此点，该公司的资金将会出现冗余，高于此点，就要充分考虑公司外部融资的能力，否则，追求过高、过快、过度的增长可能拖垮一家企业。

第二节　判断力＝有效决策

前文的几个现实中的案例的分析过程都是一个问题出现了，通过管理会计进行了有效的逻辑分析和验算，并最终得到了一个利用公司价值最大化的结论，辅助了有效决策。

但实际上，出现问题再分析问题进而决策在很大程度上可能已经失去最佳的决策机会了。试想，如果第一节第 1 个案例在原有公司规划时就直接以新产品为主，且减少固定资产的投资，根据市场需求逐步投资和释放产能，可能不会使企业从投产到转型再到盈利几乎经过了长达 5 年的时间，如果不是集团公司的有效支持，单一企业早已灰飞烟灭了。

所以，对企业，或者创业而言，很大程度上，决策首先考虑的是企业的优势是什么？外部机会在哪里？

> ☆ **典型案例：自己干不如外包**
>
> 我们投资了一家以奶牛养殖为主业的农牧企业，切入以后发现，必须全面建设"种、养、加、销、游、创"的全产业链——创业就是一个集团公司，这违背了"大师"们对创业先从一个点聚焦开始的学说。

我们发现：

（1）农牧业企业的产业链必须同时构建，根本无法讨论"鸡生蛋"还是"蛋生鸡"，因为养了牛、挤了奶就必须卖掉——必须做好营销，自建销售门店，门店要发展会员就要通过带领开始喝奶的消费者到牧场体验，又演变成了田园旅游，旅游的人来了就要吃、住，就又发展出了餐饮和住宿；但如果奶多了卖不掉就必须自己建厂加工——建设加工厂；养了牛没有草吃，先是从美国进口或从内蒙古远途运输——必须自己种草；等等。一个循环产业链就这样在"懵懵懂懂"中创建起来。

（2）"人"是农牧业领域最欠缺的资源要素，特别是在南方地区的种、养环节。

——缺钱、缺人，一个企业难道就无法成长和发展了吗？

过程中，我们设想出一个方案：合伙人招募行动，将相关领域相对优秀的创业者吸引过来，公司提供产业链保障，合伙人发挥专业优势……

整个试验从养蜂开始，一对常年在外奔波追逐花季的夫妻带着他们的生产工具和蜜蜂加盟，公司为他们发放一定的工资，并按照产量与他们进行利润分成，因为这种能够让旅游的会员看得见的土蜂蜜可以直接按照市场价格销售，他们夫妻比自己"单干"收入提升很多，公司也于当月实现上万元利润。

因为养蜂这个实践的成功，分板块的"裂变式"创业都在企业逐步一一展开，公司为此专门设计了裂变式创业的机制，公司控股+管理团队20%左右占股模式，以充分调动管理团队积极性。

☆ **大家之见：组织的重点必须放在机会上而不是放在问题上**

管理大师彼得·德鲁克在《管理：任务、责任、实践》一书中指出：

如果一个组织一贯把重点放在机会上而不是放在问题上，就会有很高的取得成就的精神。一个组织如果把力量放在能出成果的地方即放在机会上，就会有兴奋的激动、挑战的感觉和取得成就的满足。

当然，不能忽视问题。一个把重点放在问题上的组织是一个采取守势的组织。那是一个总在想着过去是黄金时代的组织。那种组织总是认为，如果没有出差错，他们就会干得更好一些。

因为，一个需要在其公司中创造和维持取得成就的精神的管理当局，必须把重点放在机会上，还要把机会转化为成果。

☆ **大家之见：有效的决策者鼓励提出各种看法。**

管理大师彼得·德鲁克在《管理：任务、责任、实践》一书中指出：

有效的决策者知道，不管怎样，他是从看法开始的。他只能在以下两者之间进行选择，即：或者是把看法用作决策过程中的一个生产性因素，或者以虚假的客观性欺骗自己。人们并不从搜集事实开始，而是从看法开始。从看法开始并没有什么不对的地方。人们在某一领域中有了经验，就会有他们的看法。如果一个人在某一领域中经历了相当长的时间而没有他的看法，那他必然是既没有进行观察又懒于思考。

人们必然是从一种看法开始的，要求他们从搜集事实开始，根本不可取。他们会像每一个人通常做的那样：寻找那些符合于他们已做出的结论的事实。而每一个人都能找到他所需要的事实。好的统计学家知道这一点，所以对所有的数字他都不相信——不论他是否了解搜集这些数字的人，他都对这些数字抱怀疑态度。

唯一可靠的方法，唯一能使我们用现实检验一种看法的方法是以明确承认首先有看法为依据——而且这是应该采取的方法。于是人人都能看出我们是从未经检验的假设出发的——在决策中以及在科学中，这都是唯一的出发点。我们知道怎样处理假设。人们并不就假设争论而是进行检验，就能发现哪一种假设是经得起检验的，因而是值得加以认真考虑的，哪一种假设是一经检验就被推翻的。

因此，有效的决策者鼓励提出各种看法。

☆ **大家之见：张五常教授谈思考方法：不要将预感抹杀了**[1]

张五常教授在最近的一次演讲中指出："逻辑是推理的规格；但若步步以逻辑为先，非逻辑不行，思考就会受到压制。不依逻辑的推理当然是矛盾丛生，不知所谓；但非经逻辑就想也不想地思考方法，往往把预感（Hunch）抹杀了，以致什么也想不到。逻辑学——尤其是数学逻辑——是一门甚深的学问，但若以逻辑先入为主，就会弄巧成拙。

"在念书时我拜读过爱因斯坦与逻辑学高手朴柏（K.Pop-

---

[1] 人文经济学会（微信号：HES2012）。

per）辩论的书信。他们争论的是科学方法论的问题。在这辩论中，我以为朴柏是胜了一筹；但在科学上的贡献，他却是寂寂无闻的。

"逻辑可以帮助推理的正确性，却不是思想（Idea）或见解的根源。科学方法论是用以证实理论的存在，但它本身对解释现象毫无用处。那些坚持以非正确方法推断出来的思想是犯了规，不能被科学接受的观点，只不过是某些难有大贡献的人的自我安慰。这种人我遇过了不少。他们都胸有实学，思想快捷——缺少的就是想象力。

"纯以预感而起，加上想象力去多方推敲，有了大概，再反复以逻辑证实，是最有效的思考方法。只要得到的理论或见解是合乎逻辑及方法论的规格，是怎样想出来的无关紧要。那些主张'演绎法'（Deductive Method）或'归纳法'（Inductive Method）的纷争，不宜尽听。苹果掉到牛顿的头上（或牛顿午夜做梦），万有引力的理论就悟了出来。又有谁敢去管他的思考方法是否正确。"

"有一些独具卓见的学者，其逻辑推理的能力实在是平平无奇；他们的重要科学贡献是经后人修改而成的。英国早期的经济学家马尔萨斯（T.Malthus），推理的能力比不上一般大学生！近代获诺贝尔奖的海耶克及舒尔茨（T. Schultz），推理也没有过人之处。这可见思想见解（Idea）是首要的，而逻辑次之。得到了一个稍有创见的预感，就不要因为未有逻辑的支持而放弃。在我所认识的学者中，善用预感的要首推高斯（R.H.Coase）。无论我向他提出任何比较特殊的意见，他就立即回答'好像是对了'或'好像是不对的'。先有了一个假定的答案，然后再慢慢地将预感从头分析"。

"有一次，在一个会议上，有人提议大地主的农产品售价会是专利权的市价，缺乏市场竞争，对社会是有浪费的，我脱口而出：'怎么会呢？假若全世界可以种麦的地都属我所有，我就一定要将地分开租给不同的农民耕种；麦收成后农民就会在市场上竞争发售，那么麦价是竞争下的市价。'高斯在旁边就立刻对我说：'你好像是对了。'三天之后，我再遇高斯时，他又说：'你好像是对了。'我问他我对了什么？他说：'麦的市价。'几个月后，在闲谈中，高斯旧事重提：'我认为在麦的价格上，你是对了的。'对一个不是自己的预感而日夕反复推断，确是名家风范，是值得我们效法的。"

"另一个已故的高手朋友，名叫嘉素（R. Kessel），是行内知名的预感奇才。在 1974 年（他死前一年）我有幸跟他相聚几个月，能欣赏到他的不知从何而来的预感。嘉素有一条座右铭：'无论一个预感是怎样的不成理，它总要比一点意见也没有为佳。'他又强调：'若无半点见解在手，那你就什么辩驳也赢不了。'预感是每个重要发现都缺少不了的——从哪里来没有一定的规格，有时究竟是什么也不大清楚。在思考上，预感是一条路的开端——可走多远，到哪里去，难以预先知道——但是非试走一下不可的。走这路时逻辑就在路上划上界限，将可行及不可行的分开。走了第一步，第二步可能较为清楚。好的预感的特征，就是路可以越走越远，越走越清楚，到后来就豁然贯通。'没出息'的预感的特征正好相反。"

"不要以为我强调预感的重要，是有贬低逻辑及科学方法

> 论之意。我曾经是加纳（R.Carnap）的学生，怎会轻视这些学问？我要指出的是逻辑是用以辅助预感的发展，用错了是可将预感抹杀了的。"

很多决策者（企业老板或高层管理者）直觉（感觉）能力很强，很大程度上都是通过直觉进行判断和决策。但这个时候，一定不能"爱"上这个直觉（彼德·德鲁克看法），而这个时候一定要去寻求事实和证据，用所谓的逻辑去帮助验证，这个时候，管理会计这个方法和工具是最佳选择。

所以，一个决策者如果能够否定之否定，将是多么善莫大焉的事啊。

> ☆ **大家之见：彼德·德鲁克谈决策**（摘自《管理：任务、责任、实践》）
>
> 任何一项企业决策性质的决定有四个基本特征：
>
> 第一，决策涉及将来时间的长短。公司受这项决策的限制会有多长时间？这项决策在多长时间内可能废弃？
>
> 第二，一项决策对其他职能、其他领域或整个企业的影响。如果一项决策只影响一项职能，它就属于最低级。
>
> 第三，一项决策的性质还取决于它所包含的质的因素的数目。这些质的因素有：行为的基本原则，伦理价值，社会和政治信念等。当必须考虑价值因素时，该项决策的级别就要升高而由较高的层次来决定或检查。最重要而又最普通的质的因素是人。
>
> 第四，决策还可以按照它们是否定期地重复发生或不常

发生（如果不说是唯一的一次决策的话）来划分。重复发生的决策要求建立一套一般规则，即一套决策的原则。

还有一种决策方式就是基于问题的决策了。

☆ **大家之见：彼德·德鲁克谈日本人决策**

管理大师彼得·德鲁克在《管理：任务、责任、实践》一书中写道：对于日本人来说，决策的重要因素在于确定问题。

日本人决策方法的实质是什么呢？

首先，他们把注意力放在确定决策是关于什么事情上，而不是把注意力放在提供答案上。他们注意的中心是确定问题。

其次，日本人把各种不同的看法都提出来。因为，他们在达到协商一致以前并不对答案进行讨论，而是探讨各种不同的看法和方法。

最后，注意的中心放在各种可供选择的方案上，而不是放在"正确的答案"上。他们的决策过程进一步表明，应该在哪一阶层以及由什么人做出某项决策。它使得人们无须推销一项决策。它在决策过程本身中就包含了有效的执行决策。

基于问题的决策的核心是问对了问题。而问对问题是非常有难度的，问错了问题（假设或出发点一旦有问题）将会使组织陷入没有必要的无休止争论和不信任的境地。

当然，有时内部的问题也必须解决，但很多解决的过程并不等于决策。

要问对问题，首先必须站在更高层面，甚至全局和全链条的角度看问题。

其次必须站在事情本身的角度，而不是从追究责任的角度看问题。

最后必须站在对方（责任人）的角度，换位思考地看问题。

正如《孙子兵法：势篇》中所说："故善战者，求之于势，不责于人，故能择人而任势。"

有的时候，组织内部的问题无论如何纠结和努力，都是没有答案的，将眼睛从内部转移到外部，将眼睛从问题转移到机会，将眼睛从劣势转移到优势，你可能会突然发现，抓住机会，问题根本就不存在了。

大前研一（被英国《经济学人》杂志评为"世界五位管理大师"之一，"日本战略之父"，曾任麦肯锡日本负责人）《思考的技术：培养具有竞争力的思维》一书中的第一节、第二节记述了他30岁时去麦肯锡竞聘的故事：

"8名主考官中的7位不是投保留票而是投了反对票，就因为"硕果仅存"的1位强力推荐，所以他们最后决定按照麦肯锡一贯的做法'采用某种具有特殊能力的人才'。"

"当时，麦肯锡的用人的传统标准是，如果每位主考官都画'圈圈'，不录用。有人画双'圈圈'，有人画'叉叉'，录用。有一个或两个人疯狂推荐，录用。我之所以被录用，是因为来自英国的迈克·荷根给了我'特别醒目的双圈圈'。前些时候，他的一位朋友告诉我，直到现在，他还常向朋友提起此事，并以此为傲。"

可以想象，因为此次竞聘，大前研一获得了人生一次重要机会，并通过此次机会实现了人生的价值。对迈克·荷根而言，他为麦肯锡进行了一次"有效决策"。

笔者想说的是，在中国，这种事情存在的概率是多少？

当然，如果是一个"专制"的民营企业，老板一个人说了算，可能会存在，但却少了8个人的选聘团队多角度的评估。

如果是公有制企业，可能不会组建一个8人录用团，起码是奇数的考官人数，7人或9人，抑或是5人，但一定会"少数服从多数"。

如果是一个"做大"的民营企业，正在和已经建立了"法人治理结构"，这样的情况是否会存在——可能会，但更大的可能是在没有见到老板最后一关时已经被"和谐"掉了。

更加难能可贵的是，这是一种制度，即"如果每位主考官都画'圈圈'，不录用。有人画双'圈圈'，有人画'叉叉'，录用。有一个或两个人疯狂推荐，录用。"

决策机制建设是非常重要和必要的。

第三节　价值链重构

一家股权投资公司，设立之初就确定了区别于传统投资公司的定位——通过智力支持开始建立人才与企业的信任，然后再在此基础上进行"融资"和"融才"服务。

从上述该投资公司的客户价值和市场定位开始，初步分析有相似价值主张的同行的价值要素，进行了初步市场定位，如图3-6所示。

同时，该投资公司按照以投资回报率为终极目标，运用杜邦公式为基础的管理会计的思维站在投资者角度梳理了需要集成的资源，认为系统集成、资源外包，建立共同创造、共同分享的机制将是最优的选择，于是他们构建了如图 3-7 所示的全新独特价值链。

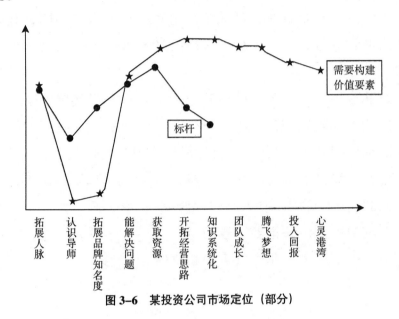

图 3-6　某投资公司市场定位（部分）

```
                    公司利润（投资回报）
┌──────┬──────────────────────────────────┐ ┌────┐┌──────┐
│      │       基础设施（场所、硬件等）        │ │    ││用户   │
│ 支    ├──────────────────────────────────┤ │客   ││：初创 │
│ 持    │      行政、人力、财务、法律          │ │户   ││企业、 │
│ 活    ├──────────────────────────────────┤ │：政  ││发展   │
│ 动    │      创新、市场研究、定位            │ │府、  ││企业、 │
│      ├──────────────────────────────────┤ │园区、││强大   │
│      │          资源获取                   │ │校友  ││企业   │
├──────┼─────┬──────┬──────┬──────┤ │    ││      │
│      │     │ 增值 │ 营销 │ 服务 │ │    ││      │
│ 基    │ 融资 │①投资 │①媒体 │①媒体 │ │    ││      │
│ 本    │ 融智 │（债权、│（政府、│运作   │ │    ││      │
│ 活    │ 融才 │股权、 │园区）│②智力 │ │    ││      │
│ 动    │     │中介）│②智力 │支持   │ │    ││      │
│      │     │②投智 │支持   │      │ │    ││      │
│      │     │③投才 │（三类 │      │ │    ││      │
│      │     │      │企业）│      │ │    ││      │
└──────┴─────┴──────┴──────┴──────┘ └────┘└──────┘
```

图 3-7　某投资公司全新独特价值链

笔者在这家公司应用的价值链优化了迈克尔·波特教授的价值链，变化在于：

（1）整个价值链指向的右方已经从利润转化为客户和用户，这里的客户一般是指能够帮助企业找到，并促进用户产生购买行为的组织或人，而用户一般指为企业的产品和服务付费的最终使用者或消费者。

（2）价值链向上指向公司利润（投资回报），这是整个公司价值链向投资者的承诺。

（3）价值链的基本活动中，"增值"作为整个投资公司的"制造"过程，就是实现价值增值的部分和环节。

（4）价值链的基本活动中，"融资"、"融智"、"融才"类似传统企业的"采购"过程，实际上是以"外包"的形式存在，或者用互联网经济下最"时髦"的说法：共享经济。

（5）价值链的支持活动在一般理解的情况下是不增值的甚至是成本，但换个角度思考和设想，这其实是企业为增值而必须投入的资源，其相关硬性物质资源和软性的智力活动投入的规模、结构和次序按照投资回报来衡量。

通过上面这条价值链，该投资公司为实现目标和近期的市场及战略的决策就可以有效落地了。

价值链重构的过程实际上是一个目标、资源和流程梳理的过程，一个伟大的愿景和目标能否实现，既要靠领导人的大胆畅想和洞见，更要有效地梳理资源匹配的可能性（没有条件，创造条件也要上），这样，这个决策过程就会更加有效。

同时，在这个决策过程中，必须根据营销收入与集成资源的成本进行有效的投入产出分析，所谓的杜邦分析，会明确决策对未来企业投资回报产生的影响和作用。

实际上，价值链分析如果与杜邦分析整合在一起进行结构化的综合分析，企业的领导者可能会对组织有更加系统化、结构化的看法。而且，杜邦分析也绝对是企业实际价值链呈现的结果，如果企业的投资回报率出现问题，也一定是企业的价值链出了问题，必须进行基于客户价值的市场重新定位，价值链重构。

而且，通过价值链优化设计，就可明确相关环节的工作任务——所谓任务分析，有了任务分析就可以有效进行岗位设计和设置了，而且能够有效明确相关岗位间的输入和输出关系。基于岗位设计，基于协同和制约的考量，部门就可以设置得简单而高效了——这也是一般直线职能制的组织设置的基础。

作为直线职能制的补充，任务小组制就会浮出水面，笔者将其称之为第三种组织。

☆ **大家之见：彼德·德鲁克在《管理：任务、责任、实践》一书中的看法**

"'组织建筑师'目前可以应用的有五种组织设计原则，即五种不同的安置各种活动和排列各种关系的组织结构。其中两种是传统上就有的，多年以来已作为组织设计的原则，即：法约尔的职能制结构和艾尔弗雷德·P.斯隆的联邦分权制。"

"还有三种是新的，甚至它们新得一般还不为人所知，更谈不上被承认为组织设计的原则。这三种是：任务小组组织，'模拟'分权制，以及'系统'结构。"

"即使是最简单的企业，如一个只有一种主要产品和一个市场的中小型企业，也必须至少应用两种组织设计原则：职能制设计原则和任务小组设计原则，后者用于高层管理工作和创新工作，并作为从职能上对工作进行组织的一种补充。"

任务小组组织最成功的实践是杰克·韦尔奇在 GE 的"群策群力"：匹配战略上的"数一数二"，GE 在落地环节实施"群策群力"任务小组。

"群策群力"的要旨在于以简单明了的方式打破官僚体制，并迅速解决组织问题。来自组织中不同级别和职能部门的众多员工与经理人齐聚一堂，一起讨论他们发现的问题，或是高层主管所关注的问题。大家要分成小组检讨"过去惯用做法"的普遍假设，并对要如何大幅改善组织流程提出建议。"群策群力"小组会在"代表会议"（Town Meeting）中向高层主管提出建议，这位主管则要召集整组人讨论这些建议，然后当场做出可行与否的决定。改革组织的建议会被指派给各个自愿执行的"认领人"（Owner），由他们一直做到有结果为止——这就是 "群策群力"的要义。

任务小组组织另一成功的实践是在卡洛斯·戈恩复兴日产汽车公司并进而通过合资导入东风汽车有限公司的"V-up"（价值提升）活动："V-up"是日产汽车公司（也是东风汽车有限公司）解决跨职能课题的管理改善活动，是公司达成战略计划的改善工具，也称之为白领改善。

一个规模型公司从中期战略到年度计划再到各职能领域战略、年度绩效目标达成，会有诸多问题需要解决。通过设定课题，将大的战略目标、计划分解成若干子课题交给跨职能团队、直线团队去解决，并且培养关键角色将设定课题、解决课题的意识与能力固化于组织，形成组织特有的跨职能合作意识与改善文化。在这个过程中，所有流程、方法、工具及其课题管理、人才培养体系共同作用，构成了 V-up 活动。

上述的任务小组制是将领导判断与跨职能关键岗位员工达成

共识的过程有效结合，使实施者有一种强烈的参与感和成就感，这样，决策和实施就真正做到合二为一了。

★ 思维延伸：从扁平化到蜂群式众包模式——从权威决策到集体智慧决策

凯文·凯利在《失控》中提出著名的"蜂群理论"，这个理论其中一个关键点是认为蜂群是没有一个统一首脑的分布式管理，蜂后本身并不是蜂群的统筹之首，反而蜂后的众多儿女自身是一个个个体智慧，比如说蜂群要确认蜂巢安置时间和地点，蜂群会先派出五六名无名工蜂负责侦察可能安置蜂巢的树洞和墙洞，它们回来后用约定的舞蹈向蜂群报告，侦察员的舞蹈越夸张，说明它主张使用的地点越好。然后，一些头目们根据舞蹈的强烈程度，核查几个备选地点，并以加入侦察员舞蹈的方式表示同意。这就引导更多的跟风者前往占上风的候选地点侦察，回来之后再加入看法一致的侦察员的舞蹈，表达自己的选择，最后由集合起来最大的蜂群决定安居地点。如此的表决方式也可以用现代的民主投票制形容，正是每只蜜蜂个体选择最终决定了整个蜂群发展的大方向。

蜂群的"集体智慧"表明，单个蜜蜂并不具有决定蜂群定居位置和繁殖等重大事项的统治意志，但整个蜂群多数蜜蜂集合起来，却由混沌的无智慧模式过渡到体现集体意志的智慧模式，这在之前提到的蜂群如何选择定居位置这一点上就有充分说明。

相对于传统的层级制度，蜂群思维是相对反传统的一种运行模式，整个蜂群并没有一个绝对意义的领袖，相反它们是由"非匀质的看不见的手"掌控蜂群的走向和重要表决，这只"看不见的手"颇有点类似市场经济，由整个蜂群的单个个体智慧和力量发挥后，再在大多数蜜蜂意愿基础上影响整个蜂群的发展。

众包模式产生了！

众包模式的出现某种程度上说也是分散式智慧的体现，是指一个公司或机构把过去由员工执行的工作任务，以自由、自愿的形式外包给非特定的（而且通常是大型的）大众网络的做法模式。最早的众包模式由中国科学院研究生院管理学院网站 BBS 于 2005 年 7 月提出，比美国《连线》杂志早了足足一年。互联网的兴起加速了众包模式的快速发展，以往一个完整的工作流程或工作任务，得以分割成不同板块和不同时间段的工作任务，由众多拥有独立领域的个体或组织来完成，这也是在现代分工不断细化的基础上，同时单个有技术含量或者有完整价值链的项目越来越复杂，需要不同领域、不同特长的个体发挥自己的独特优势，以此完成整个项目的各个板块和任务，协同完成整个任务。与蜜蜂的相对完全分散式管理思维相比，众包模式在一定基础上还体现了组织的严密性和任务的分割性，整个模式走得通的前提是需要任务发起方和完成方、一个可以连接发布方和完成方的平台、对接双方交流和成交的系统和制度等，这些要素缺一不可。

大众智慧可以在众包模式衍生出的模式、平台和制度中体现，譬如 2011 年开始，众包模式在中国流行，涌现了包括中国威客、任务中国、猪八戒网等众多众包平台，发布了包括平面设计、家居设计等众多交易任务。与此同时，大型公司内部也出现了裂变现象，许多跨国公司打破由于制度和层级可能造成的官僚体系影响，选择在内部采用类似众包模式来激发团队尤其是基层组织的积极性和创新性，像 IBM 内部建立了 WikiCentral，当把一个创意放入 WikiCentral 的相关门类下，全球的研发人员和同事都可围绕它提出各种致力于完善它的建议和解决方案，它直接穿透了任何一种可能阻碍创新的官僚机制，让群体智慧对商业的推动更加迅速。2007年，35 万名 IBM 员工中已有 10 万人在使用 WikiCentral。全球最大的非营利众包组织"维基百科"，更是集合了来自全球精英的智慧，产生众多有价值的词条和内容，成为许多人讨论的成功例子。

众包模式和蜂群模式不无类似之处在于，它们打破了层级结构，使得整个项目的管理更趋扁平化，另外，众包模式并没有树立一个绝对的标准，最终能否成交都取决于任务发布方和有兴趣参与任务的人之间的沟通与谈判，这个过程平台基本没有非常强制的规条制度，让整个平台真正由任务需求双方进行沟通和对接，平台基本上只起到一个展示窗口和沟通桥梁的作用。

但与蜂群的生物自有系统不同，众包模式在人类社会中，涉及诸多需要高智慧和高智能的资源及人，在真正执行过程中，这种内驱式结构和模式也产生不少问题。例如，集体智慧如何被彻底激发起来。而且更有针对性地面对不同项目甚至开放式项目一针见血地提出见解和解决方案？众包平台如何协调任务双方的关系，尤其是确保任务发布方提出有针对性的需求以及合理的酬劳？如何协助任务发布方评估执行方的实际能力和实施效果？甚至整个平台的商业模式和盈利能力都面临不少外界的质疑。事实上，从 2012 年红火一段时间后，众包模式在中国似乎一直还处在发展中阶段，并未对传统商业模式带来非常大的冲击，本身的发展也面临着诸多问题，并没取得非常大的突破。至于众包模式未来的路会怎么走，我们还是边走边看，看这种模式还会衍生出哪些新的商业模式，对我们的生活产生多大的影响？①

☆ 延伸阅读：让我们一起构建一个基于负责任的自由和机会平等的功能性组织

大家可以好好读读《失落的管理艺术，德鲁克论现代管理与人文精神》（摘编自笔者 2013 年写的一篇博文）

德鲁克认为，管理实践必须致力于创造和维系健康的组织。在这样的组织中，人们能够在为社会公益和改善做出贡献（职能）的同时找到自身存在的意义（地位）。

"一个社会，只有其目的和理想对于个体成员的目的和理想具有意义，才是一个有意义的社会"，这句话界定了个体生活与群体生活之间的功能性关系。

所以，德鲁克指出，我们需要一个基于负责任的自由和机会平等的功能性社会（组织）。

笔者理解，尊严来自责任，自由来自信任，机会来自价值贡献。

---

① Sophy Dating Future，2015-06-11。

一、尊严来自责任，这是自由和机会平等的前提

"管理层必须确保企业目前的行动和决策不会导致在将来出现危害企业及其自由和繁荣的社会舆论、要求和政策……[他们] 对社会的首要责任就是盈利……[但是管理层还必须承担] 公共责任：让能够真正增进公共利益的事情成为企业自身的利益。"（彼得·德鲁克，《管理的实践》，英文版第 385~386 页、390 页）

德鲁克采纳了克尔凯郭尔的观点，他认为，有效运转的社会和组织为个人提供自由和平等，但个人必须对一个更大的组织负责（世俗情境中基于责任的管理的基础来自于施塔尔的影响）。

施塔尔意识到个人的权利在某种程度上必须与一个更大的社会的需要对齐一致（职能），他指出，自由应该受限于一个更广泛的责任和义务的道德情境。"自由并不意味着一个人可以不顾对他人的影响而恣意妄为。"

相应的理念表现在德鲁克关于目标管理的概念中。在目标管理中，管理者拥有选择自己目标的权利，但是必须与他们的上级主管一起进行选择，并且接受他们对于上级的责任的约束——个人的目标应当与整个组织的目标相结合（还是职能）。

"外部责任是指对某个人或某个主体负有责任，对特定的绩效负有责任。内部责任则意味着承诺。负责任的工作者不仅要对特定的结果负责，而且要具有为取得这些结果采取任何必要行动的权力，并且最终通过致力于这些结果来实现个人成就。"

作为一位经济学家，熊彼特将利润看作企业家的驱动器，而利润又反过来推动了发展。这样，由创新所带来的利润不但是必要的，而且是有益于社会的。

创新过程带来了新的机会，从而取代了旧的程序、产品和制度——熊彼特将这一过程称为创造性破坏。

基于熊彼特的研究，德鲁克认为，通过创新实现利润是企业必须要做的事情，而那些创新失败的企业最终将衰退和消亡。

在斯隆的领导下，通用汽车公司首创了一个分权式的组织结构，这个结构保持了分公司的自主权，并限制了总公司管理层的权力。这一组织模式很快就传遍了美国和全世界。

这说明，责任很大程度上来自个人的自主意愿和能力的发挥程度，来自个人参与组织发展、组织决策的参与感。

二、自由来自信任，基于诚信的信任是组织绩效和价值的核心原动力

德鲁克和斯隆都认为，一个保证自由和平等的结构固然很重要，但是只有让正确的人——正直诚信、有决心的管理者——来担任领导者才能够取得成功，在这方面，斯隆是个真正的楷模（缺乏诚信对于人、绩效精神和绩效都会造成损害）。

管理学是人文学科对于管理实践的贡献。过去的组织所采用的官僚式结构束缚了个人的判断力、个性的展现以及道德辨别力的使用——而这些恰恰是当今快速发展的组织所需要的几种人类品质。

因此，管理者不但需要了解技术和数据，而且必须了解人类的本性、判断力、创造力以及价值观和道德伦理的作用和来源。人文学科的历史方向能够为在职和潜在的管理者提供以下几个方面的有用培训：

Character formation（品格的塑造）。

Critical skills development（关键技能的发展）。

The art of effective speaking and writing（有效讲话和书写的艺术）。

Understanding ultimate values behind their decisions（了解决策背后的终极价值观）。

从人文学科的角度看待管理学带给管理者的几个主要问题：价值观、伦理道德以及品格问题。管理中的判断力和价值观、管理中的情境、学习的过程。

价值观、伦理道德和品格问题。作为人文学科的管理学关注人的整体发展。决策不仅是为了符合某项法律或道德规范，而且是因为管理者拥有始终做出正确决策的愿望和倾向。

"绝大多数成功、持久的机构都有一个典型的特点：它们促成其成员获得了在智力上和道德上超出……［一个人］原本能力的成长。"（彼得·德鲁克，《公司的概念》，1946）

案例：通用汽车遭遇人的意义和激励问题。20世纪80年代，通用汽车不得不从一家通用—丰田合资企业身上学习关于工作场所中的一些基本事实。通用学到的是：

Each employee of the enterprise has complementary gifts and talents.

企业中的每一位员工都有互补的天赋和才能。

Wealth creation depends on an organization using/developing

all these gifts and talents.

一个组织能否创造财富取决于它能否运用和发展所有的这些天赋和才能。

组织中必然存在着不同层级的权力和责任，但是我们必须认识到，所有人都拥有与生俱来的尊严。这是远远超越企业的狭隘的商业目的的。尽管在人类价值观与商业目的之间可能会存在某种张力，二者之间却并不存在固有的冲突。在大多数情况下，二者是相互促进的。

管理中的判断力和价值观。大多数强化道德行为的尝试似乎都旨在强调后果而非德行。作为人文学科的管理学并不强调给人们提供一套规则，而是强调品性正直的人的整体发展。

在一个鼓励个人发展精神和道德能力（例如诚信）的环境中，个人更可能在其工作上取得成功。由此带来的智力和道德成长会展现在一个人的生活中，无论是在组织之内，还是在组织之外。成功的企业懂得，要想持续地繁荣兴旺，就必须鼓励员工的这种发展。绝大多数最成功、最持久的企业都认识到了，是企业的人成就了企业；通过潜移默化地灌输使人发展的方式，他们会让组织变得更好。

德鲁克认为，商业道德与个人的道德行为是分不开的。你认为组织可以拥有与个人的道德行为无关的商业道德吗？

如果德鲁克是对的，即诚信需要相互认同的道德原则，那么在一家企业中如果没有道德规范就不可能有诚信。因此，商业道德与个人道德是分不开的。

德鲁克认为诚信是管理的检验标准，其原因在于，诚信的概念之中蕴含着决定一个人如何应对"人员决策"的道德准则（英文版第 195 页），而人员决策是管理者的主要职责。诚信包括对于每个人生来都有价值的认可，并总是通过领导者的行为表现出来（英文版第 195 页）。因此，一个诚信的领导者可以成为对整个组织拥有巨大影响力的行为楷模。

三、机会来自价值贡献，机会则贡献价值的成果，机会将根据价值贡献由全组织为您创造和赋予

把人作为可开发的资产来对待，包括给个人以提问"我能够做出什么贡献？"的机会。这使他们能够发展自己的个人技能，并判定他们的长处和兴趣与组织需求的契合点。而另外一种，将人视作可供使用的资源，则把个人贬低为生产销售机器上用完即可丢弃的齿轮。

德鲁克认为，让个人的长处富有成效是组织独一无二的目的。这是因为，对于一个组织来说，把注意力集中在员工的长处上是非常重要的，因为这给管理者提供了帮助人们在工作场所中转型的机会。将注意力集中在长处上有利于个人设定高标准，而达成这些高标准能够带来高度的个人成就感。这反过来又会带来更高的个人绩效水平。

组织的发明作为完成社会目的（功能）来讲，也许跟人类将个人的劳动力开始分工一样重要。而潜沉在组织底下的原则并非"私人的恶习造就公众利益"。而是"个人的优势造就社会的福利"。这也造就其合法性的基础。这是政府可以仰仗的道德原则。

显而易见，组织的成果必须包括相对于使命和目标的绩效表现。因此，价值观的培育和继任计划的制订也会如此重

要，以至被提升至成果领域。因为，它们决定了这个组织将来的模样。对于一个组织的长期成功来说，向其成员灌输牢固的价值观并使人发展到能够成为组织的未来领导者的高度是至关重要的。

在组织中，使人发展的真正力量来自领导者的价值观和诚信品质。如果诚信的领导者以一颗公仆心来管理他们的组织，他们会将尊严植入员工的内心，并努力地将企业的目标与员工的目标联系起来。员工的内在意义与企业目的之间的这种联结赋予了员工成长和发展的激情和力量——弗朗西丝·海瑟本将这种激情和力量称之为"精神"。

让我们一起用责任赢得尊严，用诚信赢得自由，用价值贡献赢得机会。机会是为有准备的人准备的，机会将由企业和大家一起创造。

当然，这个前提就是我们将企业构建成为一个基于负责任的自由和平等的功能性组织。

第四节　催生行动力——管理会计预算

到了每年的9月、10月，很多企业开始要做第二年的预算了。

笔者经常会问这些企业老板和部门经理，为什么要做预算。老板的回答经常是，不报个计划，每个月各部门随便花钱怎么得了？部门经理的回答经常是，如果不报个计划，做事情的时候老板不批费用怎么干？

这两个看似对立的回答好像都有各自的角度的道理，但只不过过于狭隘了。

在很多公司，各个部门报一个年度有什么项目做，需要花多少钱，财务部做个统计，报老板批准一下，这个"预算"就完成了。

也还有很多公司，老板下达一个目标：利润、销售收入。然后由财务部统筹让各个部门报数。这个时候，销售部门和财务部门最为难过，对于销售部门经常的情况是，向老板要人、要钱，不给人和钱怎么能够完成目标？对于财务部门，每个部门都有要钱的理由，如何有效平衡成了最大问题。

实际上，目标制订和资源匹配、流程（价值链）梳理的过程实际上是一个"预算"的过程。但很大程度上，很多企业都将"预算"理解为"财务预算"或"成本预算"，甚至是"花钱预算"，理解为财务部门编制一张表格就算了，或者不报这个"预算"，部门明年就没有花钱的额度了……这些都是非常片面的理解。

当然，实际情况是，中国很多民营企业根本就没有什么"预算"。

☆ **大家之见：彼德·德鲁克论什么是企业预算**

彼德·德鲁克在《管理：任务、责任、实践》一书中指出：预算一般被认为是一种财务过程。但是，其表达方法才是财务性的，其决策则是企业性的。

从大师的论断我们可以理解，预算的过程实际上是一个企业决策的过程，是一个企业将战略落实到年度目标、进行资源匹配

和行动计划制订的综合的过程和结果。

笔者总结了运用以杜邦公式为基础的管理会计体系编制预算的 6 个步骤：

1. 暂定年度（来年）利润目标

要暂定来年年度利润目标，首先必须明确未来的投资回报率（预期）、当年的资本回报率，最好有同行的投资回报率，结合当年的产能利用率根据杜邦分析来综合评估后制订。

2. 根据当年利润率倒推收入目标

根据当年的利润率水平可以倒推收入目标了，这个收入目标也是暂定值。

3. 根据营销目标制订逻辑确定可达成的目标和需要配置的资源

根据营销收入目标，按照销售收入目标制订的七步法（见前文），对目标进行大胆验证，核心是目标与能力提升和资源匹配结合的验证方式及方法。

在此过程中可以明确销售收入的必达、进取和挑战值的三级递进式目标结构。

4. 根据利润目标和营销目标推导成本费用目标

确定销售收入目标后，以进取目标为核心，运用管理会计的百分比和单位成本将 3 年来实际成本费用状态呈现在一张图表中（见图 1-5），相关负责领导和部门明确降成本的目标和措施，变动成本按照百分比和/或单位成本削减，固定费用按照额度削减。

当然，也一定有一些因素会导致成本费用的上升，如人工成本、能源价格等，也一样通过有效预算（估）实事求是地进行明确和标识。

成本费用预算过程还有一个关键环节需要提示，即所谓"原单位"管理，就是用耗费的未与单价相乘的数据呈现，如对于动能与燃料的相关财务科目中，电费用 kW·h（千瓦时）而不是用元（或万元），燃料用 m³（立方米）而不是用元（万元），这样就可以有效掌握相关单位节约和削减情况，与有效激励结合起来。当然，最终编制到预算表中要结合价格预算（估）进行计算。

在统一评估目标、资源、对策的可行性后，利润目标和投资回报率的目标会被进一步优化和提升。

5. 根据利润目标和上期资金周转率倒推应收和库存目标，倒推供应链改善的准交、快交目标

有了成本费用的目标削减计划，下一个重点工作就是流动资金周转速度的提升了，相关部门共同探讨应收账款和库存周转速度提升的目标和对策。

需要考虑的是，资金周转率的目标很大程度上取决于与客户的交易结构和商务合同，特别是应收账款的周转率。要说明的是，这绝对不能作为借口，因为，一方面，可以通过有效的交易结构设计来加速回款进程（毕竟，现金流是企业第一位的诉求）；另一方面，过程应收账款管理也是非常重要的。在我们服务的很多企业中，因为营销业务人员的责、权、利不明确，特别是激励机制的不完善，导致业务人员重订单、轻回款，一方面导致应收账款账期越来越长，另一方面逾期应收账款和呆、坏、死账现象频频发生（这个环节如何通过有效激励减少和规避将在本书第四章中详述）。

资金周转率中企业对存货周转率把控的程度相对较高，但也与应收账款周转率有强相关关系，而且，因为制造交付周期与准交率和存货周转率直接相关，压缩了制造交付周期而提升存货周转率，同时，因为准交、快交，也会加速客户的回款进度。

在统一评估目标、资源、对策的可行性后，因为财务费用的节约，利润目标和投资回报的目标将会被进一步优化和提升。（见表2-1：企业综合管理会计报表简表）

6. 通过上述路径推导并根据目标明确对策（资源）配置的可能性和时限性最终确定预算，实现目标对策（资源匹配）同步制订

因为目标、资源、对策是同步制订，且是各个部门一起共同制订的，目标达成和对策可执行性会非常强，可以有效实施企业的年度经营计划的编制了。

当然，固定资产投入或处置，权益乘数根据经营状态的调整也是预算编制的范畴，只是各个企业情况差异很大，这里不进行过多陈述。

要实现有效的管理会计预算编制，具体工具、表单的标准化必不可少，而且表单之间的关系也呈现了整个管理会计预算编制的整体思路，并为企业年度经营计划制订打下了基础。笔者向企业导入的相关工具、表单，在这里向读者——进行简单呈现。

（1）整体综合表单（见表3-4），本表单是将报表会计三张表单综合而成的一张表单，是作为每次试算和最终综合结果呈现的一张综合分析表。

表3-4　某企业20××年综合管理会计预算报表

指标		前年	去年	今年	来年						异常分析
					1月	2月	3月	4月	…	12月	
主营业务收入	金额										
销售量	单位										
材料成本	金额										
	占收入比（E/S）										
	单位成本（万元/单位）										

续表

指标		前年	去年	今年	来年						异常分析
					1月	2月	3月	4月	…	12月	
变动制造成本	金额										
	占收入比 （E/S）										
	单位成本（万元/单位）										
直接人工	金额										
直接能耗	金额										
其他	金额										
固定费用（成本）	金额										
	占收入比 （E/S）										
	单位成本（万元/单位）										
销售费用	金额										
管理费用	金额										
制造费用中的折旧	金额										
制造费用中的工资性费用	金额										
营业税金及附加	金额										
财务费用—流动资金利息	金额										
经营性利润	金额										
财务费用—项目贷款利息	金额										
资产减值损失	金额										
公允价值变动收益	金额										
投资收益	金额										
营业外收入	金额										
营业外支出	金额										
所得税费用	金额										
净利润	金额										
存货余额	金额										
存货周转率	次/年										
应收账款余额	金额										
应收账款周转率	次/年										
总资产收益率	比率										
净资产收益率	比率										

（2）从汇总的预算损益简表到支撑分表——如营销分客户、分产品分析表（见图3-8），这张表单核心作用是帮助企业和企业营销团队应用本书前文叙述的营销目标制订七步法梳理企业营销目标的一张总分、分总表单。

图3-8 某传统企业综合管理会计报表和营销目标分报表例

（3）从汇总的预算损益简表到支撑分表——如成本费用明细分析表（见图3-9），成本费用的明细分析同样是将更加详细的科目按照相关责任部门进行展开，按照百分比和/或单位成本的趋势展开到一张详细表单中，为部门自身设定和分解目标，为预算编制的统筹部门如财务部门统一分析和审核各单位的预算的科学性、合理性打下基础。

科目	其中	去年	今年	来年
销售收入	合计			
	主营			
	非主营			
原材料成本	E/S			
	总额			
制造成本	E/S			
	总额			
费用	E/S			
	总额			
营业利润	E/S			
	总额			

科目	其中	去年	今年	来年
销售收入	合计			
其中成本费用1	E/S			
	总额			
其中成本费用2	E/S			
	总额			
其中成本费用3	E/S			
	总额			
其中成本费用4	E/S			
	总额			

图 3-9　相关部门成本费用明细分析表

（4）从利润空间的预算到现金流预算，到经营计划——实现有效的机会和资源的匹配、支撑，如图 3-10 所示。

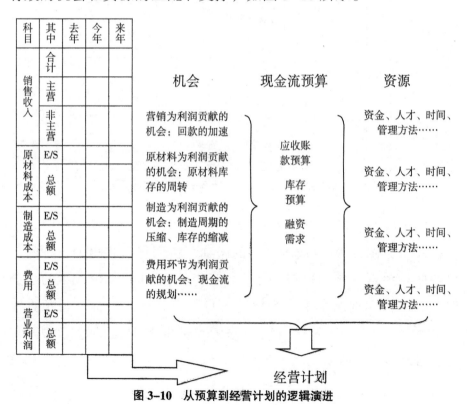

图 3-10　从预算到经营计划的逻辑演进

实施有效管理会计预算的组织推进非常关键，核心在于：

（1）领导重视。作为企业当家人，必须明了预算编制的重要性——这是全员对来年经营管理工作的一次系统的有效决策，是全员就目标、任务、计划达成共识的一次机会和历程。

（2）形成以一把手为组长、各个分管领导和职能部门参加的预算编制领导小组。相当于成立一个阶段性的预算编制领导和实施的跨职能团队，大家结合自身所负责的职能，共同设计预算编制的整个目标和计划，并按照计划既有协同又有分工地将工作推动和落实到位。

（3）明确预算编制的有效推进逻辑、实施步骤与计划。以创造价值为导向，以业绩成长（投资回报最大化）为目标，以机会和资源匹配为依托，没有产出的机会就没有资源的匹配，资源不是成本，资源投入的目的是创造价值、产出和业绩成长。

预算在编制过程中，正如前述所列举建议的 6 个步骤，每个步骤的完成过程又都可能是重新回到第 1 步的过程，所以，这是一个大胆假设、小心求证的过程，又是一个不断结合外部机会、内部优势、集成资源梳理和论证的过程。

在整个管理会计预算的编制过程中，有三个关键环节：

（1）投资回报率的确定——这是对投资人的价值承诺。当然，起点并不是终点，期初投资的预期可能面对很多的不确定性，但是，投资回报率绝对是衡量过去决策有效与否的最佳和最有效的衡量标准，也是面对未来进行决策的基准。

（2）销售收入的确定——这是企业兑现客户和市场价值的回报。俗话说，开源节流，对于预算的编制而言，销售收入是"分母"，很大程度上，资源要素的投入成本越来越高，如果不能有效确定销售收入的可能性，或者与实际相差较大，则将对全年资源匹配产生非常不利的影响。

假设销售收入目标制定过低，则匹配资源受到控制，结果在真正客户的需求释放过程中，因为一时不能满足客户数量和质量要求，则可能失去客户信任，对既有市场和客户产生影响。

假设销售收入目标制定过高，则可能会过度匹配资源，结果是大量资源被闲置和浪费，造成固定成本过高，企业盈亏平衡点上升，企业盈利能力大幅度下降。

所以，销售收入目标的预算过程，不仅是一个达成共识的过程，更是一个要求相对准确的"技术活"，充分体现了企业对市场和客户的把握程度。

（3）财务部门的统筹作用。预算编制的过程实际上既是一个几上几下的过程，又是一次"接力比赛"。在确定投资回报率目标后，由销售部门对需要完成的销售收入目标进行论证，在预算编制跨职能领导小组初步批准销售收入目标后，需要相关部门对所有成本费用进行预算，每笔费用的投入产出情况是对财务部门业务能力的一次"终极"考量，之后的资金周转率目标同样如此，而且每次变化都要进行一次"试算"。这既是对电脑容量和速度的考量，更是对人脑综合统筹能力的一次考验。

当然，应用管理会计的基本表单，特别是通过杜邦公式的表格化、工具化之后，相关的工作既有历史数据的参照，又有对未来假设条件的预估，那么预算编制工作也将变成一次创造性的全员综合、系统的有效决策之旅。

第五节　经营管理体系建立和有效运行

企业经营管理体系实际上是从战略开始，再到年度预算，再到价值链和任务分析，再到激励政策制订的综合而系统的过程。我们希望帮助企业搭建一个基于管理会计的最简经营管理体系，如图 3-11 所示。

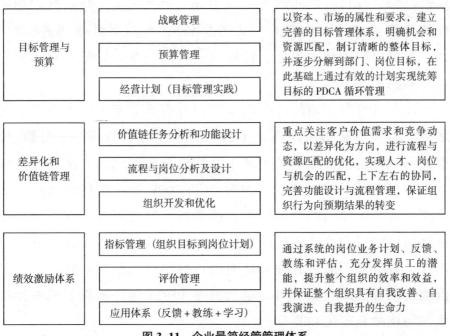

图 3-11　企业最简经管管理体系

其中，战略管理如何应用管理会计将在本书第五章第五节叙述，价值链在本章第三节有所简述，绩效激励体系是第四章重点。本节重点介绍基于管理会计预算之后的经营计划的制定和月度经营管理体系建立和有效运行环节。

通过本章第四节的叙述，读者可以了解，通过管理会计的有效预算，各个环节的目标、对策和行动计划将整体呈现，有没有一个有效的方式将相关责任人的目标、对策和行动计划统筹在一起，实现 PDCA 循环的管理、改善和提升呢？

还记得在东风汽车公司与日产汽车公司合资之前，东风汽车公司的每个子公司都会有上级下达的利润目标，基于此制订年度十大目标和/或经营计划的文本，基本上每个季度都会有一次经营分析会对目标和经营计划的完成情况进行分析。但由于大部分是定性目标，且目标之间难有一条主线（很大程度上是依据职能的条块分割式的"有位有为"式的呈现），所以很难评估责、权、利，更难以明确相关目标、计划与利润的关系，好像只有销售收入与利润相关一样。

在东风汽车公司与日产汽车公司合资成立东风汽车有限公司之后，日产专家向东风各个子公司导入了方针管理——彼德·德鲁克的目标管理和戴明的 PDCA 系统整合而形成的方法论，方针管理方法和工具基本上用了 4 年（到 2008 年）左右时间基本上实现了各个子公司的全部导入，成为各个管理者基于投资回报率目标而层层展开，落实目标、任务、计划的经营管理体系。整体而言，方针管理通过管理会计明确目标制订的相对有效性，通过价值链明确了责、权、利，通过月度 PDCA 循环实现了成果标准化和问题的显现化和改善。

☆ **大家之见：彼德·德鲁克论，什么是企业目标，企业的八大目标。摘编自彼德·德鲁克《管理：任务、责任、实践》**

目标不是命令，而是方向；不是命令，而是承诺。目标并不决定未来，而是为了创造未来而动员企业的资源和力量的手段。

企业的目标包括：

——市场营销；

——创新；

——人员组织；

——财务资源；

——物质资源；

——生产率；

——社会责任；

——利润要求。

在这些关键领域制定出目标以后，我们能够做五件事：能用数量不多的一般陈述来组织和解释整个企业的各种现象；在实际经验中检验这些一般陈述；预测企业的行为；在企业的决策尚在拟订过程的时候对它们进行评价；使各级管理人员能分析自己的经验，从而可以提高其工作成绩。

笔者在中小企业管理咨询的实践过程中，发现日产的方针管理体系过于繁杂，特别是表单过多是一个比较严重的问题，即使对中国的上市公司也是如此。

所以，在担任上市公司顾问和总裁期间，笔者针对性地对方针管理体系进行了简化，希望能够将预算的决策成果兑现到企业日常经营管理活动中，又能够尽量能够不占用管理者编制表单的时间。下面结合几个关键工具论述一下经营计划管理体系：

1．活动计划书

表3–5　××公司年度活动计划书

					4		
					3		
上级目标	1. 2. 3.	公司目标	1. 2. 3.		2		
					1		
					日期	记事	确认

区分	目标	对策	责任单位
销售（S）			
质量（Q）			
成本（C）			
交货期（D）			
安全（S）			
日常管理			

活动计划书实际上实现了我们常说的"千斤重担众人挑，人人头上有指标"。从公司总经理开始，每位管理者都有一张这样的表单，对于总经理而言，他以投资回报率和利润为终极目标，将企业满足市场和客户的Q（质量）、C（成本）、D（交货期）作为过程目标，将预算的过程的目标和对策全部置于一张表中。

这其中有几个关键环节需要注意：

（1）目标和对策都既包含目标名还包含目标值，如对销售而言，目标名就是销售收入，目标值就是实际的数值和单位，对于对策而言，也同样必须有量化的目标。

（2）上一级的对策就是下一级的目标，从而实现层导分解，层层承担。

（3）目标和对策必须分解的月度，为月度进行目标与实绩对比并进行经营管理的 PDCA 循环打下坚实基础。

为什么将质量前置呢？因为质量是企业的生命，必须放在总经理负责的关键目标环节。

2. 管理项目进度表

表 3–6　管理项目进度表

×年×月×公司管理项目 KPI 进展表

课题（目标值）	管理项目					2003 年	2004 年						
	管理项目名		目标值	区分		实绩	1月	2月	3月	4月	5月	6月	7月
出厂质量的提高	CS–VES 评价值（单月）		04/12	<1	目标	目标	<1	<1	<1	<1	<1	<1	<1
						实绩	1	0	0	0			
						评价	○	○	○	○			
	PDI	（单月）	04/12	370PPM	目标	目标	370	370	370	370			
						实绩	0	0	0	83			
						评价	○	○	○	○			
	纳入不良率	（单月）	04/12	2000PPM	目标	目标	2000	2000	2000	2000			
						实绩	0	0	633	2000			
						评价	○	○	○	○			
	资金索赔率	（单月）	04/12	230PPM	目标	目标	230	230	230	230	230	230	230
						实绩	229	170	147	147			
						评价	○	○	○	○			
	批量质量问题	（年度）	04/12	0 起	目标	目标	0	0	0	0	0	0	0
						实绩	0	0	0				
						评价	○	○	○	○			
	态度/沟通	（单月）	04/12	100.0%	目标	目标	100.00%	100.00%	100.00%	100.00%	100.00%	100.00%	100.00%
						实绩	100%	100%	100%	100%	100%		
						评价	○	○	○	○			

管理项目进度表是将活动计划书展开为月度目标与实绩分析和评价的一张关键工具表单，通过这张表单，各自负责的项目月度完成情况非常清晰而明确，为经营分析和经营改善打下坚实基础。

3. 管理图表

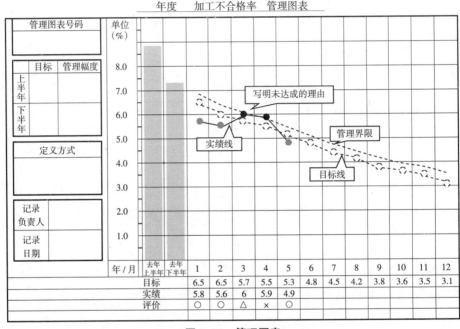

图 3-12　管理图表

管理图表是管理项目进度表目视化的一张关键表单，一大堆数字的排列可谓"乱花渐欲迷人眼"，通过一张目视化的表单，可以使大家一目了然地对每个月的目标与实际情况进行把握。

而且，本表单充分运用了色彩管理，达成目标使用蓝色标示；未达成但在管理界限 10%以内，使用黄色标示；未达成管理界限时，使用最醒目的红色标示。

4. 回顾书

表 3-7　回顾书

年度　全年（上半年）回顾书（1）（○○部）　　　　　　　　×× 年　○月△日

目标名		实际成绩		对策		综合评价	反省点（优点、缺点、对策）
		与目标值的对比	评价	管理项目	评价		
目标课题	目标管理项目名称	放目标管理项目的实际与目标值的对比图表，若有几个目标管理项目，按此格式接着填写即可	评价情况如"◎、×、△、○"	放对策管理项目的对比图表	评价情况如"◎、×、△、○"	评价情况，如"×、△、○"首先对几个对策管理项目进行评价后再与目标管理项目进行综合的评价结果	（优点）基本的活动成果（缺点）存在的问题点（下一步对策）针对问题点下一步将要采取的措施，要有具体进度时间与责任人

回顾书实际上是对目标与对策达成与否的一次总结和反省，这其中会出现几种状态：

（1）目标、对策全部达成，逻辑成立，强相关关系，总结经验，标准化。

（2）目标达成而对策未达成，说明要么目标值定得过低，要么目标与对策无强相关关系；处置对策要么提高目标，要么修正对策，使之有效匹配。

（3）目标未达成而对策达成，说明要么目标值定得过高，要么目标与对策无强相关关系；处置对策要么降低目标，要么重新审视和修正对策，使之有效匹配。

（4）目标与对策均未达成，说明要么目标与对策值制订过高，要么目标与对策不匹配，对策不支撑目标达成……处置对策是目标与对策同时审视和修正。

这样，通过每月的系统综合分析，既提升了管理者对目标达成的把握，又提升了管理的能力。反过来，又对公司年度的预算的有效性进行修正，为每年6月优化下半年修正预算打下基础，更为第二年预算编制打下基础。

应该说，通过这样简单有效的经营计划管理体系，企业内部将有效建立一个日、周、月、季、年的经营管理的PDCA循环系统，为经营管理业务改善、业绩突破和投资回报能力提升打下坚实基础，如图3-13所示。

	年度	上半年	每月	每天
P	①制作和认可活动计划书 (目标·目标值) (对策·管理项目·目标值·担当者)、(目标)	⑫制作和认可活动计划书修正版	⑨订正和认可活动计划书的对策 (对策·管理项目的追加、订正)	⑥制作对策的计划
D	②说明活动计划 〈每月PDCA〉	〈每月PDCA〉	〈每月PDCA〉	③推动对策和实施对策
C	⑬实施年度回顾 (管理项目进展表) (上半年回顾书1) (上半年回顾书2) 未达成项目 (次年度活动计划草案)	⑩实施上半年回顾 (管理项目进展表) (上半年回顾书1) (上半年回顾书2) 未达成项目 (活动计划修正版草案)	⑦实施月度回顾 (报告目标值和实绩值) (报告对策的推进情况) →问题点共有化 (目视板)	④计划、目标和确认实绩 (发现了异常值→目视板、管理图表)
A	⑭领导的指示	⑪领导的指示	⑧查明原因和指示(责任者) (决定问题的原因的对策)	⑤查明原因和对策立案

年度PDCA　上半年PDCA　每月PDCA　每天PDCA

通过运转PDCA，就能够使业务的执行状态和问题点得以明确。

→ 分析原因对策的捷径、考虑问题的能力、交流

图3-13　年度经营计划管理体系运行

从预算编制（当然更大的前提是企业战略，这将在本书第五章第五节简述）到年度经营计划制订的过程实际是一个企业从期望（股东和客户等利益相关者创造更多、更大价值）到目标，从

目标到机会和资源匹配，从机会和资源匹配到明确任务和行动计划，从明确任务和行动计划再到日、周、月、季、年经营分析总结经验、反省不足、实施持续经营改善的综合的经营管理体系，如图 3-14 所示。

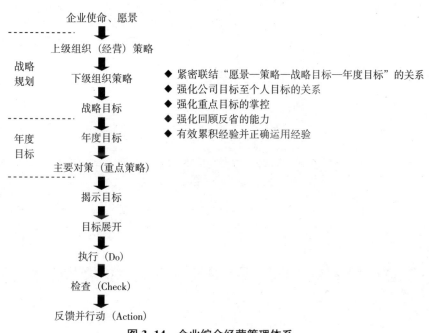

图 3-14 企业综合经营管理体系

第四章 管理会计如何促进企业价值激励

　　2016 年湖南省经信委"腾飞杯"管理升级活动的主题之一就是"2016 年企业如何赚钱"，作为这个主题的分享嘉宾，笔者的一个关键结论就是：不会分钱就不会赚钱。

第一节　分钱是最大的痛

　　可以说，从分钱的角度，企业老板分为两种，一种是愿意"分钱"，一种是不愿意"分钱"。向不愿意"分钱"的老板谈"分钱"老板当然很痛，但是，与愿意"分钱"的老板谈"分钱"时会发现，他们痛的比例也非常之大——不是愿意分钱就能分好钱。

　　一家上市公司的实际控制人，在 2007 年股市达到高点之前对上市公司数十位总部和分、子公司高管和关键岗位员工进行了股权激励，因为此次股权激励，使很多员工成为千万、百万富翁。

　　但事与愿违，大多数受到股权激励的员工，一方面于 2008 年将手中股票抛售，另一方面选择离开这家公司。

原因肯定是综合的和多方面的，但经过此次阵痛，企业经营发展受到极大负面影响。对上市公司实际控制人的个人打击更加沉痛——为什么给予了、分享了却反而出现与预想反差如此巨大的状况？

那还是在 2004 年，笔者在东风汽车有限公司一家核心动力总成子公司负责全面导入日产生产方式和评价激励。因为人力资源部门直接使用笔者对各个部门的评价结果——与薪酬、业绩工资直接挂钩，笔者感觉到压力非常大。

其时，公司正在全面导入引进一套全球先进的全新人力资源管理体系，核心的评价应用就是 KPI 评价。为了做好 KPI 评价，笔者专门从财务部门抽调一名优秀的统计经理，按照管理体系、指标体系、评价体系、薪酬体系的思路与财务部门、人力资源部门共同成立跨职能小组推动，希望能够为各个部门特别是各个部门的负责人提供一个相对有效和公平的评价结果。

在这个过程当中，管理体系的核心作用设想是明确部门责、权、利，基于职能、职责进行指标设置与担当责任划分。

指标体系是结合利润为目标，以质量、成本、交期、服务（安全）为导向的，以财务指标为基础，辅之以如质量、交付、服务、安全等管理指标的指标库，并结合部门责任划分进行承接和担当。

评价体系是设置指标的目标值和单位，基于实绩与目标对比明确完成的程度而确定评价等级与评定分数。

薪酬体系中一个关键环节在于各部门负责人直接按照部门评价结果兑现业绩薪酬，部门内部员工在内部评价基础上结合部门评价综合应用。

应该说，开始的时候对这样的设想我们还是非常有信心的，但到后来出现的结果与我们的预想却大相径庭。我们发现：

（1）每个月的评价结果几乎永远是销售部门评价分数最低，后勤和管理等定性或管理指标多的部门评价分数都较高。

（2）各个部门好像都越来越喜欢推脱责任，或者将未完成目标责任推到其他部门，业务部门负责人都想到后勤或管理部门工作。

（3）各个部门努力"追求"低目标，每年底设置第二年目标时，各个部门所陈述的永远是困难大于机会，好像完成领导定的目标几乎比登天还难。

这种结果使我们不得不反思自己，是指标划分的问题？是目标制订的科学问题？还是数据收集（特别是管理性指标）的问题？

问题虽然一开始并未找到答案，但还是搞明白了这些情况的产生原因，如销售部门因为直接承担销售收入目标，且销售收入目标几乎都是总经理亲自确定，根本无讨论余地，但无论是目标定得过高还是销售团队能力不足，总是完不成，且销售部门收入、回款、产成品库存、销售费用等数据永远都可以有效量化和评价核算；管理部门都是管理性指标如完成率等，数据不好收集，且是抽样为主，评价分数都较高；部门推脱责任是为了将重要指标推脱给别人承担，争取制定低目标也是为了评价得到更高的分数……

但解决方式和方法在当时情况下根本还是无解，如：如何破解目标与指标、指标与评价、评价与应用的关系？让人感到非常困惑。

后续，我们也采取了一些改善性措施，如：

（1）将一些指标拆分为相关部门都占有一定的权重，促进部门协同。如将库存指标分别由销售、生产、采购部门共同承担，等等。

（2）组织跨职能项目改善团队，促进各个部门间的相互理解、协同和融合。

（3）评价结果每月在与薪酬匹配时由公司领导通过人为因素做一些修正。

但基本情况并未有效改观，销售团队的积极性受到打击，公司盈利能力受到挑战。

时间到了 2006 年，因为公司领导班子调整，笔者被重新分派任务，分管营销工作。在充满激情和冲动一段时间后不久，也不由得担心起这两年来营销部门一直评价得分垫底这个事实。

事实确实是残酷的，几乎经过一年的努力，我们营销部门目标达成率最低，评价得分一直最低，几乎都是在领导"赏赐"下获得业绩薪酬。

这种情况导致笔者的自信深受打击，笔者一时并不能够确信是自己的能力不足以确保营销目标达成，或是目标制定过高，还是因为这样的激励机制和连续多年来对营销团队评价倒数第一致使整个营销团队依靠赏赐"过活"的状态使整个团队无论是意愿还是能力都在走下坡路？

但无论如何，这种刻骨的经历使笔者感受到：评价、激励、薪酬分配是企业经营最关键的环节，这是企业的价值导向，是企业无言的指挥棒。

笔者也一直在思考评价、激励和薪酬分配环节如何能够更加协同和优化，真正起到激励人、激发人，从而促进企业业绩最大化的作用。

第二节 起点、台阶、比例

到了 2008 年，期间笔者于 2007 年中因为工作关系调回公司内部分管经营管理中心工作近 1 年半时间，又因为 2008 年营销业绩不理想，于 2008 年底再次回到分管营销的岗位。

这个时候，因为连续地问为什么，笔者突然对评价、激励、薪酬之间的关系产生了一系列的另类思考和"顿悟"：

（1）目标值为什么一定用来做评价用呢？能否将目标值与评价脱钩，使大家不再对目标高低与否斤斤计较？

（2）销售收入与个人收入之间为什么不能直接强相关？是否我们将简单的事情搞复杂了，被 KPI 给折腾晕了，能否跳出 KPI 看薪酬激励？

基于此，笔者向公司领导班子提出一个设想，能否将对营销团队的评价、薪酬统筹考虑，按照管理会计的百分比思维，将销售业务团队薪酬转化变动成本，按照比例来进行核算（类似大包干），弱化目标值给销售团队带来的目标遥不可及的挫败感。如表 4-1 所示。

表 4-1 销售团队激励分享模型

	上年实际	今年区间设置				
销售收入区间（亿元）	5 以下	0~5	5~6	6~7	7~8	大于 8
区间分享比例（%）	1	1	1.1	1.2	1.3	1.4
区间分享额度（万元）	500					
合计						

从表 4-1 可以看到，假设上年度公司销售收入实现 5 亿元，营销团队分享 500 万元，则当年销售分享占比为 1%。虽然来年公司目标为 7.5 亿元，增长 50%，但并不以 7.5 亿元作为目标进行评价，而是以增量法直接核算，笔者总结了三句话说明：

（1）承认历史：低于上一年的销售收入，营销团队收入按照上一年比例 1% 核算，多劳多得，少劳少得。

（2）达成共识：以百分比的形式承认了历史，销售团队比较认可，而公司领导班子成员也能认可。

（3）展望未来：未来因为超过盈亏平衡点，变动成本边际贡献将全部变成净利，则越高的销售收入即使营销团队的分配比例增加，但公司所得也会越高（说明：区间分享比例是在这个区间的销售收入的提成比例，并不回归到前面的区间，所以最终营销团队分享额度是相关区间收入的加和）。

在这个过程中，弱化了 7.5 亿元这个年度目标，使营销团队不去关注是否能够达成 7.5 亿元目标，而是考虑能够增长多少，因为增长到更高的区间，大家的分配比例将会大幅度提升。

当然，表 4-1 只是作为演示的模型，数字、区间和分享比例只是示例。

为什么可以这样设计呢？或者为什么这样设想能够起到调动员工积极性的目的呢？这是因为：

（1）提成百分比不变，使营销团队成员感受到了公司领导班子对他们的信任和认可，并且承认了他们过去的成果。

（2）对未来结果越高越设置更高的分享比例，也是体现了公司领导班子对营销团队需要付出艰辛劳作和努力的认可。

（3）营销团队摆脱了对 7.5 亿元目标感受到担心完成不了时所可能受到的羞辱和惩罚的心理压力，对这种区间分享比例的层层提高，感受到的是劳动与回报成正比的欣慰和预期。

后来，对上述的这次激励机制设计的转变，笔者也曾经用一句话来表述：目标不是用来考核的，目标是用来明确机会和匹配资源的。

这句话的意思就是，企业制定目标的目的是为了明确外部机会与自身能够集成资源的匹配，不用目标作为评价考核的依据反而能够挖掘机会，追求更高目标。这难道不是一种很有意思的悖论？

上述这段自身的就评价、激励、绩效分享的经历可以说是笔者对激励分享机制的认知从"目标评价分享阶段"发展到"增量区间分享阶段"，或者简称从"目标法"发展到"增量法"。

第三节　创造价值，分享价值

2010 年，笔者从东风汽车有限公司辞职创业后因为咨询和顾问的职业关系有机会接触和服务更多企业，使笔者对基于管理会计基础和激发人性的激励机制有效结合有了更加深入的理解和模式突破。

再回到前文所描述的那家典型装备制造业企业，对他们营销人员的综合激励政策改变实际上就运用了基于管理会计的理论、方法和工具。

首先，以现金流作为价值衡量的依据，而非收入，也非利润。

其次，按照边际原则，以边际贡献而非销售收入作为销售激励的分母。

最后，按照管理会计的百分比原则作为核算销售激励方式，变销售费用固定费用的属性为变动成本。

笔者将以现金流和边际贡献为基础作为制订激励政策的方式称为价值分享。

（1）现金流和变动成本边际贡献是企业运营价值的核心标准；所谓的利润只是财务核算的结果，所谓的收入只是企业依托产品销售承载资产（投资）增值的桥梁和纽带。

（2）只有创造价值才能分享价值。这是企业的价值导向，是企业的指挥棒，企业通过激励政策向全员，向企业内外的利益相关者宣告了企业提倡什么、鼓励什么、激励什么，也算是企业价值观的一种实际体现。

（3）通过分享价值才能激发员工和利益相关者创造更大价值。"楚王好细腰，宫中多饿死"，正是"上有所好，下必甚焉"，以价值分享为导向的激励政策实施，必然会引导和激发出企业员工和利益相关创造价值的意愿和动力，进而实现为企业创造更大价值的目的。

☆ **典型案例：堂叔的分钱游戏**

笔者的一个外地朋友曾经分享过他和他堂叔的创业经历。

故事还得从 2002 年讲起，他本人从上海辞职回到老家所在的中国内地的一个二级城市创业。经过 6 个月的折腾后，创业宣告失败。这时，正好一个销售收入 3000 万元规模企业的老板想请他做总经理，他与老板谈的条件是，3 年销售 10 倍增长，实现目标后老板送他近 20% 的股权。

3 年后，目标超额实现，他获得了应得的股权，成为这家销售规模已达 3 亿元的企业的二股东。

这时，另外一个企业老板也请他去做总经理，他也谈了同样的条件，3年后，目标实现，他也获得了相应股权。

然后，他又用了3年时间重演了第三个同样的故事。

笔者问他，他是如何做到3年10倍的业绩成长的。他告诉笔者，分钱游戏。笔者又问他，是如何学到和做到分钱游戏的。他说，是他的堂叔创业、成长、成就对他的启发。

他的堂叔在20世纪70年代是当地的"小混混"，与好朋友一起通过收保护费过活。

逐渐地，堂叔成为"带头大哥"，原因并非他"打仗"最行，也非能出主意的吴用之流，只是他分钱最公平，自己收的钱绝大多数与好朋友们分掉，好朋友们收的钱交他保管并由他分配，大家最服气。

到了80年代初期，国家号召"下海"，好朋友们感觉可以做点正事了，就推选堂叔作为董事长开办了一家办公家具企业，开始创业发展，经过近20年的努力，在当地做到了几亿元的规模。

2000年左右，经过几年的业绩徘徊后，堂叔感觉到他们创业团队已经不能继续引领企业的发展了。

在一次会议中，堂叔提出了这个结论，并给几个身兼股东、高管的好朋友两个选择：一是"杯酒释兵权"，大家放弃公司高管位置，将公司股权转让给年轻而有能力的继任者，用现金回家颐养天年；二是作为整个公司的供货方，由公司参股、收购或新成立几家供方公司，由他们分别去作为股东但并不参与经营而只作为股东分享收益。

虽然很痛苦，但好朋友们接受了第二种建议，认为这样可以用另一种形式跟着老大"继续"。

10年后的2010年，堂叔的公司规模又重新开始继续成长，而且成长了几倍，而他好朋友们的供方公司也跟着他的公司做大了几倍……

☆ **典型案例：新任总经理的绩效激励政策**

一个集团性质的公司，刚刚组建了一个制造型的子公司，马上面临投产状态。为了能够保证子公司一上马就能够实现有效产出，公司准备从上海高薪聘请一位目前年薪100万元的行业资深管理专家做总经理。

由于与目前公司薪酬体系不匹配（公司所处的二线城市整体薪酬水平不高），所以公司董事会初步设想按照"底薪＋目标绩效＋股权激励"的形式综合考评。核心还是"目标评价法"，就是设定一个目标，达到目标后就按照年薪100万元兑现，同时，连续三年达到目标后有100万股的期权。

在企业董事会咨询笔者的意见时，笔者连续问了他们几个问题：

（1）今年目标如何确定？答：按照今年目标利润达到500万元以上倒推核算。

笔者说这样还算合理，因为金融领域的基金管理中GP和LP之间的分配比例就是20：80，总经理也算是GP管理人吧。

（2）后续3年目标如何确定？答：那要综合考虑，如按照上年实绩情况，按照行业增长率，按照目标利润……

（3）是否会出现博弈？这种规则是否会促进总经理每年

刚刚达成目标就好（以保证第二年目标定低些）？……

最后，企业董事会请笔者提一些建议性的建议，笔者按照增量法和人性综合考虑后，向该企业董事会提出建议如下：

（1）按照"底薪＋进阶绩效＋股权激励"综合考虑，底薪可以按照董事会确定的结果，进阶绩效是不设定考核目标（重要的事重复说：目标不是用来考核的，是用来匹配机会和资源的；需要补充说明的是，设定一个底线目标，并分解到季度，如果底线目标连续不能达成，则对该总经理解聘），而是设定相关基于投资回报率为基础的几个台阶（当然，后续每年也是要重新设置台阶和比例的），根据台阶的量级进阶不断提升分配比例，最高按照投资回报率核算利润（现金流衡量）的20∶80分配（如果高管由一个团队组成是有副总的，将总经理与副总同时按照GP身份进行考虑对20%进行比例再分配，但保证总经理必须比副总分配比例高出一倍）。

（2）年度"进阶绩效"的结果以年终分配和期权行权备用金两种情况按照一定比例设置，只给总经理3个选项，分别是30∶70、50∶50和70∶30。而且在签订时，直接提前明确，比例一旦确定，3年内不变动。这三种情况中，如果总经理选择第一种情况，现金年度分配最少，说明他愿意"拿青春赌明天"；如果是第三种，现金年度分配比例最高，说明他更愿意获得既得利益。三种情况并不能说明对与错，只是角度不同。因为，如果拟聘总经理选第一种情况，说明他对企业的未来和自己帮助企业未来成长并实现对接资本市场都有信心；如果选第三种情况，说明他目前需要现金，对公司未来而言，对他个人出让的股份就会少一些。

（3）未来子公司连续 3 年创造的利润的平均数与公司上市前整体的利润按照其时的市盈率（公司目标 3 年后上市）核算，最终按照其个人 3 年来预留的期权行权备用金最终行权，最终应该是多少股份就是多少股份，不是原来人为所规定的 100 万股。

最终，董事会一致通过了这个建议，与新聘任总经理达成了双方基于现实、增量和未来的合约。

☆ **典型案例：目标绩效促进目标达成**

一家民营公司和中石油合资的公司，双方各占 50% 股权，但民营公司只派出一个董事长，企业内部高管团队和财务团队都是中石油国企员工和占地开采的农民工。

其时，该地区石油开采量不断下降，当年公司实现了几百万元利润和 1000 万元左右现金流。第 2 年的预算更加可怕，按照惯性，公司将至少亏损 1000 万元，现金流也将为负。

怎么办？该公司民营企业方找到笔者。

笔者问他有什么办法？他说，只有一个办法：降本（减人）增效，因为石油开采量多年来持续下降，导致开源已经是不可能的事情了。

笔者再问他，如何实施？他说，实施不了啊，对方全是国企员工，让他们减员是有可能的，但对方从总经理开始的几个高管不愿意得罪人，虽然能够在降低成本环节多想想办法，但亏损几乎变成必然。

笔者继续问他，能否有什么办法促进对方国企高管有动力去降本（减人）增效？他说，不知道如何设计一个有效的激励政策，既能促进他们有动力和积极性去落实，还能够使他们不犯错误。

笔者继续问他，你期望公司第 2 年的目标是多少？他说，起码不亏损，最好还有个 100 万元利润，有几百万元现金流。

笔者接着问他，你觉得公司国企方 7 个高管和核心团队成员有多少激励预期的情况下会有动力？他说，100 万元左右吧，多了不好，少了不一定有积极性。

……

在摸清他的期望后，又与国企派驻高管进行了沟通。达成共识后，我们一起设计了一个简单的激励政策，按照公司目前利润200 万元，分配 100 万元设计，如表 4-2 所示。

表 4-2　某公司高管团队分享比例设计

	区间设置			
利润区间（万元）	-350~0	0~200	200~500	大于 500
区间分享比例（%）	20	30	20	10
区间分享额度（万元）				
合计				

我们的设想是净利润超过亏损 350 万元至 0 万元之间部分，单独奖励管理层按减亏额的 20% 计算，净利润在 0~200 万元部分，单独奖励管理层按盈利额的 30% 计算，净利润在 200~500万元部分，单独奖励管理层按盈利额的 20% 计算，净利润超过500 万元部分，单独奖励管理层按盈利额的 10% 计算，以上净利润均为扣除绩效兑现。

我们进行了核算：如果本年实现扣除绩效兑现前净利润200 万元，管理层能得到的兑现奖为 $350 \times 20\% + 130/1.3 \times 30\% = 100$（万元）。

上述这个方案体现了管理会计方法论与人性结合的综合评估：

（1）激励核心在于上下达成共识。所以，需要综合考虑的是，是否一定会亏损这样多？起点设置合适否？分享的比例高还是低了？如果老板认为过高，则激励政策因为不能被批准而失败！太低，则可能经营管理团队没有积极性，也难有作用和效果。

（2）激励成功的关键在于期望值管理。核心在于，企业老板认为企业获得的收益与个人收益之间的关系，他必须看到，如果给经营管理团队分享到什么程度，则公司会得到怎样的结果。而经营团队也觉得，对于一个可达成的起点、区间设置是努力"够"得着的台阶——老板"仁义"啊！

所以在很大程度上，激励并不完全只在于方法和工具，而在于把握企业老板的心理预期，把握经营管理团队的心理预期，使企业内部实现上下同欲！

最终，该企业在 1 年后取得了喜剧性效果，公司实现利润198 万元，企业经营班子成员获得近 100 万元绩效激励，皆大欢喜。

☆ 典型案例：集团总部绩效激励消除人浮于事

还是前文所介绍的典型案例：总部的管理费用也可以降低。

针对具体情况，我们设计制定了一个 3 个月内总部消除人浮于事的综合的（人、薪）结构优化实施方案。

该方案按照管理费用作为固定费用的属性进行考虑：①明确激励方案，将总部六大部门工资总额作为基数，结构优化后，减人不减工资总额，进行薪酬优化；②与人力资源的定编定岗结合起来，只向各部门六位总监讲解定编、定岗的原理、原则，不做硬性规定，如果相关部门没有结构优化，则该部门不享受总体薪酬优化的结果（公司有一个定员定编的总体方案，但开始时并不向大家宣布）；③结合任务分析进行岗位评价，并进行定岗定编，薪酬水平按照当地水平进行综合评估；④最终结构优化后，进行人岗匹配，按照最终的才干、技能、知识进行适配度评估，最终确定岗位人员的最终薪酬。

同时，设定时间节点和进度要求，过程中核查促进相关整体和部门内部展开的工作。

开始时，几个部门相互观望，但到具体关键节点时，在有的部门率先行动后，其他部门也开始行动起来。最终，3个月计划完美收官。结果是：

（1）总部在编岗位员工减少近40%。

（2）平均工资涨幅30%以上，最高有3人涨幅突破60%。

（3）虽然工资总额未减少，公司将于第二年节约大量的五险一金。

（4）结构优化的3个月期间，公司管理费用直线下降。

（5）未出现一起与公司的劳动纠纷，各个部门总监都能主动想方设法地平稳和高效地推进本项工作。

最后，笔者问集团公司总部的顾客——子公司总经理，对此次不大不小的变革效果如何评价？子公司总经理们最多的评价是：总部"骚扰"的少了，服务的多了，效率真的提高了很多。

在组织当中，传统的讲法和做法都是责、权、利，其实，很大程度上是权、责、利，特别是在中国这个环境之下。

服务了这么多企业，特别是中小民营企业，笔者发现，这种根植于传统计划经济时代的观念很大程度上是对团队的负面效应，如果再加之用人不当，用人失察，分配不公，则对团队害处极大。

如果是责、权、利，老板会讲，这是你的责任啊？你为什么没有做好？我们反过来要问老板，你要其承担责任的时候给了他什么权力？如果事事处处都是你在掌握权力，特别是用人、用钱的权力，其能够调动得了谁？其能够履行其责任否？特别是如果老板又没有给其以做到什么程度而应该获得的利益，或者承诺了利益又没有兑现，谁都知道其被赋予的责任能否履行了？！

如果是权、责、利，如果用到老板本身可能还好！

如果权、责、利用到非老板会是什么结果？如果有权，无责任、无利益会如何？

如果有权，有责任，无利益会如何？

如果有权，无责任，有利益又会如何？

而如果说是有权，实际无权，又会如何？

每个人都是聪明人，不需要笔者来诠释！

笔者认为，必须过渡到利、责、权，这也才是市场经济下的组织用人之道的本质。

首先，得明确以利，当然，是达成什么结果、创造什么价值的利益，而不是盲目的、无原则的利益，是创造价值、分享价值的利益！

其次，明确以责，要获得这样的利益，必须履行什么样的责任，否则，不可能达成好的结果，也不会有期望的利益！

最后，赋予权力，需要履行好这样的责任，必须获得什么样的权力，当然，是有限的权力，是被监督和制约的权力。

这样的利、责、权的思维路径和假设会是什么结果，每个人都在老板创造的平台上成为"小老板"了！组织就会真的发展为"人人头上有指标，千斤重担人人挑"了，老板也可以"闲可钓鱼"了！企业发展才会更加具备后劲，才能够创造更大的价值。

第四节　全员的价值增量"分钱游戏"

实际上，一家公司涉及多个利益相关者，单纯就公司内部而言，激励机制设计必须既要综合考虑股东、高级管理者、中层管理者和全员的现实利益和未来预期，又要做到公平公正，这是一件难度非常之大的课题。

这其中最关键的环节在于：

（1）平衡经济价值和认知价值的关系。经济价值如果不能被"人性"所认知和认同，则无所谓公平、公正，就不能设计有效的激励机制，即使勉强设计和应用，要么无效，要么反而适得其反。

（2）将数据体系、评价体系、薪酬体系有效而简约合一的方法非常重要。管理会计实际上为这种方法的应用提供了很好的理论、方法和工具基础，但在具体到不同企业设计时，是绝对不能照搬、照抄的，必须量身定制。

（3）导入的方法与方法本身一样重要。按照以老板、管理层和员工能够接受的方式开始，先小试再展开和推广，将会起到更加有效的作用——上下同欲。

☆ **典型案例：从股东到全员的"分钱游戏"**

一家制造类企业通过局部基于管理会计的绩效激励的试点，取得了相应的效果，于是准备全面实施全员的"分钱游戏"。

实施从两个维度展开：一是价值链维度，从营销、制造、采购的主价值链和行政人事、财务等支持价值链；二是从股东到高管，到中层管理者和基层管理者，再到全员。如图4-1所示。

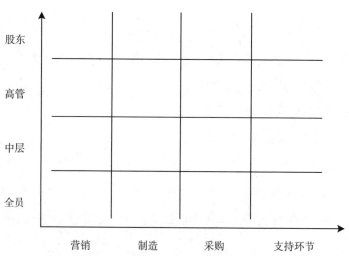

图4-1 企业绩效激励机制设计需要系统思考的维度

● 英文缩写和诠释：

（1）E/S：中文全称：成本费用百分比，英文全称：Expend/Sales。

（2）CPU：中文全称：单位成本，英文全称：Cost Per Unit。

（3）EVA：中文全称：经济增加值，英文全称：Economic Value Added，一般计算公式是：经济增加值 = 税后利润 - 资本费用，其中：税后利润 = 营业利润 - 所得税额，资本费用 =

总资本×平均资本费用率，其中：平均资本费用率＝资本或股本费用率×资本构成率＋负债费用率×负债构成率。

（1）我们基于管理会计的数据充分把握了过去三年该企业相关要素的变化情况，从利润空间和周转速度两个环节进行充分把握，从该公司情况看，几年来边际贡献、获利能力持续下降，需要从各个环节寻求变革突破了。为了能够更加有效，我们甚至将过去该公司 10 年内边际贡献最高和最低的年度全部进行了管理会计数据还原。

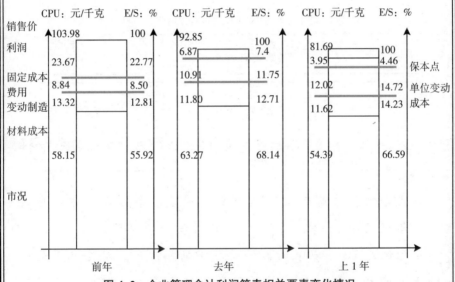

图4-2　企业管理会计利润简表相关要素变化情况

（2）在充分把握的基础上，从营销和采购两端实施激励政策设计。这个设计过程是全透明的，将老板、高管和中层管理者集聚在一起进行管理会计数据分析，共同确定起点、台阶和比例，以充分达成共识，实现引导上下同欲的目标。如表4-3和表4-4所示。

表4-3　营销团队价值分享的起点、台阶、比例设计

变动成本边际贡献额（万元）	2008年	2011年	上年
	5401	3295	2822

注：两种核算方式：①（上年营销人员工资+提成）/2822=2.7%
　　　　　　　　　②（上年营销费用+人员工资+提成）/2822=8%

营销EVA设想（只按照工资+提成考虑）	起点	台阶1	台阶2	台阶3	台阶4	台阶5
	2822以下	2822~2900	2900~3000	3000~3100	3100~3200	3200以上
分享比例（%）	2.7	3	4	5	6	8.66
分享公式	1. 分享金额=（△-2822）×该区间分享比例；2. 按照回归至前面台阶EVA分享比例之和					

表4-4　采购团队价值分享的起点、台阶、比例设计

原材料市况波动率	2008年	2011年	上年
	6.55%	-0.46%	6.39%

采购EVA设想	起点	台阶1	台阶2	台阶3	台阶4	台阶5
	6.39%以上	6.39%~4.00%	4.1%~2%	2.1%~0	0.1~2%	-2%以下
分享比例（%）	0	5	10	15	20	30
分享公式	1. 分享金额=（6.39%-△）×该区间分享比例×同期销售量；2. 最终分享比例为各台阶EVA分享比例核算金额之和					

从营销和采购团队价值分享机制设计角度看，充分体现了"承认历史，达成共识，展望未来"的思路。大家认为，上年已经是10年以来最低的边际贡献额度了，从今年开始必须止跌回升，所以对营销团队的价值分享方案取边际贡献额度最低的上年作为起点。

对于采购团队价值分享方案，我们创造性地结合该公司的行业（原材料高技术加工）特点，设计了一个原材料市况波动率的概念［原材料市况波动率=（实际采购均价-原材料市况均价）÷原材料市场均价］，因为可以在期货市场对比相应价格，所以，以采购团队预测价格波峰与波谷从而为公司创造的边际贡献为基数。同时，考虑到我们取值3年的情况和采购团队的心理程序，起点采取了不好不坏的中间年度的数据。

（3）我们将眼光转向生产制造环节，按照同样的思路对变动制造成本价值分享进行了数据推算，如表4-5所示。

表4-5 生产制造团队价值分享的起点、台阶、比例设计

变动制造成本 CPU（元/千克）	2008 年		2011 年		上年	
	13.32		11.80		11.62	
变动制造 EVA 设想	起点	台阶 1	台阶 2	台阶 3	台阶 4	台阶 5
	11.80 以上	11.80~11.70	11.70~11.60	11.60~11.50	11.50~11.40	11.40 以下
分享比例（%）	0	10	12	15	20	30
分享公式	1. 分享金额=（11.80-△）×该区间分享比例×同期销售量；2. 最终分享比例为各台阶 EVA 分享比例核算金额之和					

（4）结合资金周转情况，我们对应收账款周转率和库存周转率（根据部门责、权、利，可以适度考虑库存分为产成品、在产品、原材料3个环节分别推算）也同样进行了核算和推算。周转率核算环节与相关边际贡献或成本费用核算稍有不同的是，我们首先核算了相应的周转率起点、台阶，再将周转率提升或降低的情况与销售收入数据按照公式核算出相应应收账款或库存占用额度的起点和台阶变化，并根据当年的基准贷款利率核算出对公司财务费用的影响，最后将财务费用变化情况按照起点、台阶核算出分享比例。

（5）结合固定成本费用情况，我们对相应部门所负责的固定费用情况同样按照起点、台阶、比例进行核算和推算。

（6）对相应职能团队创造价值和分享价值的责、权、利进行充分分析，相应结果按照相应比例对涉及部门和团队进行分担和共担，促进工作协同。如库存周转率的激励，对于

产成品库存，60%责任落实在营销团队，20%责任落实在生产制造团队，另外两个10%分别落实在财务团队和采购团队；对于在产品库存，20%责任落实在营销团队，60%责任落实在生产制造团队，另外两个10%分别落实在财务团队和采购团队；对于原材料库存，20%责任落实在生产制造团队，60%责任落实在采购团队，另外两个10%分别落实在财务团队和营销团队。需要说明的是，相应比例不一定科学合理，还是那句话："共识第一"，促进协同是目的。

（7）对高层经营管理团队按照公司总资产回报率核算，对比同行相应的上市公司总资产回报率（单独分析和取平均数分析），达到和超过的部分按照20%分享，再反向设计层层降低的台阶和比例。对全员，按照公司整体年度的材料边际贡献额度，设定一定的分享比例，作为季度、年度的绩效工资基数，并与相应部门综合达成情况挂钩核算兑现。

上述案例表明：

（1）企业内部的利益相关者基于其创造价值的资源和能力属性，可以有效地对其责、权、利进行平衡和评估，进而综合设计。

（2）从股东到管理层，再到基层员工，基于其负责任的不同，所应获得利益分享的权利绝对不能混淆。如图4-3所示。

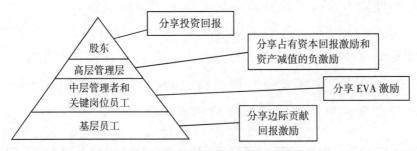

图4-3　企业相应利益相关者分享责任划分构想

（3）该方案绝大多数项目都是正向激励，只有资产减值（应收账款和库存等流动资产计提跌价准备）的负向激励，体现了正向的激励和导向作用。

（4）关键管理目标是从台阶中间按照合理性、共识性原则设计的，它的设计是为了：

1）投资回报率的核算基准；

2）明确外部机会和内部改善课题，最合理、最经济地匹配资源；

3）作为岗位履职能力的评估基准。

（5）对于销售团队价值激励而言，是大包干形式但又不是大包干，因为是按照现金流（回款额）的边际贡献核算和推算的。

☆ **典型案例：××公司创造价值、分享价值管理办法**

第一部分　总　则

第一条　为建立××公司（以下简称××公司）员工的有效激励机制，按照创造价值、分享价值的原则，特制定本办法。

第二条　明确价值的内涵，价值包含认知价值和经济价值。本管理办法期望明确在获得客户认可的价值基础上，通过建立××公司内部的有效价值衡量和分享机制，分享社会对公司全员创造的认知价值和经济价值。

第三条　××公司在社会的认知价值通过经济价值体现，即××公司从产品和服务中获得利益的衡量。××公司内部的价值分享通过帮助全员自我实现而体现，通过薪酬待遇、学习成长机会体现。

第四条　薪酬待遇通过由保障工资（福利）、激励工资两

部分组成，称为工资总量。各业务单元的工资总量根据本业务单元的材料边际贡献额按比例确定，总部职能部门的工资总量根据所有业务单元加总的变动成本边际贡献总额按比例确定。保障工资总量主要依据物价水平、市场价位、历史积累等因素确定，创造的价值越大，激励工资部分就越大，工资总量的额度就越大。工资总量由公司总部调控预算；各业务单元制定分配管理办法报公司总部审核、批准后执行。

第五条　学习成长机会与价值和绩效强相关，价值和绩效越大，学习成长的机会就越多。

第二部分　业务单元高级管理人员的价值分享

第六条　业务单元高级管理人员（副总经理以上）享有利润(现金流)创造的分享权，××公司将逐步探索更加具有激励性的价值分享机制和模式。

第七条　业务单元高级管理人员的价值分享总量（保障部分和激励部分总和）根据现金流利润，即全成本边际贡献总额（2013年经营性利润为负的业务单元采用变动成本边际贡献总额）按比例确定。分享比例根据业务单元所处行业的综合投资回报率作为利润分享的基准，按照超过行业水平、达到行业平均水平、低于行业平均水平、经营利润为负（变动成本边际贡献为正）等几个阶段设定相关台阶，同时参照尊重历史、达成共识、展望未来的原则根据资产占用情况分台阶设定分享比例。同时，对激励部分采取滚动发放形式兑现，当年发放一定比例，余额下年度兑现。

第八条　业务单元内部必须建立使优秀人才脱颖而出的机制和导向。赋予内部员工更大、更多的机会和空间，如推荐并接受总部考察和任命成为业务单元高级管理人员，推荐到××公司其他单位任职，参加、参与更多学习和拥有更多提升机会。

第三部分　全体员工的价值分享

第九条　全体员工的经济价值分享——工资总量以人事费用率（人工成本/材料边际贡献额）为基础确定预算及薪酬激励计划。股份公司人力资源部对各业务单元的薪酬激励计划的使用情况进行督促、管理。

第十条　鼓励各业务单元对中层管理人员、关键岗位人员的激励工资按照 EVA 的思路，按照全价值链跨职能协作的程度和创造价值的贡献情况承认历史、达成共识、展望未来，分台阶设定分享比例。

第十一条　各业务单元的保障工资总量根据当地的物价水平、市场价位、历史积累等因素确定。

第十二条　各业务单元按上述原则制定分配办法，经股份公司人力资源部核准备案后执行。同时必须在工资总额限度内（包括业务单元高管的全体员工）结算员工工资。各用人单位要建立员工收入信息库、工资计划使用信息台账并按月上报报表。

第十三条　各业务单元同时需要建立员工绩效管理机制，使价值贡献大的员工脱颖而出，为价值贡献大的员工创造更多自我实现的机会。

第四部分　总部管理人员的价值分享

第十四条　总部人力资源部建立总部管理人员的绩效管理机制，与所有业务单元加总的变动成本边际贡献总额挂钩

（权重最大），同时根据职能、职责确定部门和岗位 KPI，按照季、年度进行评价，与激励工资挂钩兑现。

第十五条　总部管理人员的保障工资总量根据当地的物价水平、市场价位、历史积累等因素确定。

第十六条　鼓励总部管理人员之间建立主动轮岗、学习机制，鼓励总部管理人员到基层学习锻炼，加强与各业务单元的岗位交流。

……

上述这个《××公司创造价值、分享价值管理办法》是笔者与某家集团性质的公司一起共同设计的最简约的和原则性的"分钱游戏"，其中的核心是明确了利益相关各方的价值创造的资源和能力属性，基于创造价值，确定其应该分享价值的环节与相对科学和能为各方能接受的分享比例。这种分享价值的方式、方法和兑现之后的激励效用将有效释放，促进更大的创造价值的意愿和能力。

管理的核心和本质是什么？

实际上，笔者一直在思考、探索和实践！

2000 年刚刚成为一名管理者的时候，以为与部门员工处理好"关系"就是管理。

2004 年，笔者定义管理就是"分类"，将目标对象进行有效细分，如"人、机、类、法、环"，然后按照"二八法则"进行处置。

2006 年，笔者把管理定义为管理就是"改善"，这主要是基于对日产生产方式（NPW）研究、实践的体会，并将管理过程定义为"四化"："数字化"、"图表化"、"目视化"和"标准化"。

2007 年，笔者将管理定义为"管人理事"，后来发展为"人与事载体论"，期望通过对人与事的系统化进行管理。

管理学大师们对管理有着各自角度的认知！

"科学管理之父"弗雷德里克·泰罗（Frederick Winslow Taylor）认为："管理就是确切地知道你要别人干什么，并使他用最好的方法去干。"（《科学管理原理》）

诺贝尔奖获得者赫伯特·西蒙（Herbert A. Simon）对管理的定义是："管理就是制定决策。"（《管理决策新科学》）

彼得·德鲁克（Peter F. Drucker）认为："管理是一种工作，它有自己的技巧、工具和方法；管理是一种器官，是赋予组织以生命的、能动的、动态的器官；管理是一门科学，一种系统化的并到处适用的知识；同时管理也是一种文化。"（《管理——任务、责任、实践》）。

亨利·法约尔（Henri Fayol）认为：管理是所有的人类组织都有的一种活动，这种活动由五项要素组成：计划、组织、指挥、协调和控制。

斯蒂芬·罗宾斯给管理的定义是：所谓管理，是指同别人一起，或通过别人使活动完成得更有效的过程。

通过实践，笔者越来越感受到，必须通过组织特性和人性两个维度进行思考。因为，毕竟管理的目的是组织促进更加有效地发挥个体的作用，实现更加高效的绩效、成果和目标的过程。

弗朗西斯·福山在《政治秩序的起源》中明确提炼了人性的基本特征：

（1）包容适存性、亲戚选择、互惠利他是人类交际性的预设模式。所有的人都倾向于照顾亲戚和互换恩惠的朋友，除非遇上强烈的惩罚。

（2）人享有抽象和理论的能力，以心智模型探究因果关系，又偏爱在无形或非凡的力量中寻找因果关系。这是宗教信仰的基础，而宗教又是凝聚社会的重要源泉。

（3）人倾向于遵循规范，以情感为基础，而不是理性。心智模型和其附属的规则，常被赋予内在价值。

（4）人渴望获得他人的主观认可，或对自己的价值，或对自己的上帝、法律、习俗、生活方式。获得认可成为合法的基础，合法本身允许政治权力的实施。

基于上述四个基本特征，我们可以总结并得出结论：寻求利益和社会认同是人的基本自然特征。

在 20 世纪初，马克斯·韦伯最早把组织作为基本研究对象加以界定，并做出系统研究，被后人称为"组织理论之父"。自韦伯以来，许多研究者对组织做了不同的定义，但迄今并没有一个为大家所共同接受的公认定义。但综合多种组织定义的内容，可以归纳出如下的基本理解要素：

社会实体：作为人类社会的基本构成单元，在社会中生存、演化、互动。

人：构成社会组织的基本要素。

目标：组织存在的理由。这同时也把那些无目的性的自发涌现的结构排除了。

系统：组织是一种动态、开放系统。系统概念，同时还意味着内部结构、规则与边界的存在，以及整体行为、与环境之间的交流等。

活动：组织的目标或行为，是通过其内部的活动达成的。

此外，对于复杂的组织（例如企业），规则或制度、技术或知识以及资源等，也是不可忽视的要素。

基于上述要素，笔者试图站在从人性到组织特性角度对"组织"进行定义：人们为了实现共同的目标（利益和认可）自愿放弃某些"自由"，按照一定的特定系统和相关活动而结成的社会实体。

既然如此，按照人性和组织特性这两条脉络梳理，会发现其中最重要的结合点：管理！

管理就是既能够发展和发挥某些关键、所谓好的人性，又必须压制、压抑某些负面、所谓不好的人性，从而实现"组织"和"个体"共同的目标（利益和认可）最大化。

既然"利益"和"认可"是组织和个人的共同目标（这可以称之为期望），那么"利益"和"认可"共同创造和共同分享的程度——认知度、参与度、接受度将变得最为关键，换一个角度而言，这可以称之为期望值。

所以，管理很大程度上就是管理期望（值）。

（1）必须从管理者自身做起，管理自身和组织的期望和期望值。

作为组织的管理者，必须与全员一起赋予组织一个既能够达成，更具备一定挑战的目标——期望（值），而且一定说到做到。目标太低，没有动力；目标太高，全是压力，都会产生反作用力。

作为组织的管理者，必须管理好自己的期望（值）。因为，领导的一言一行都会对全员产生暗示作用，所以，优秀领导的关键要素在于自我认知和自我控制的情商能力。

最重要的是，不要夸大自己对组织的贡献和作用——所谓不与民争名、争利，但也不要过分贬低自己对组织的贡献和作用，因为领导必须建立威信，实际上是信威，因为信而威，而非权而威。

（2）必须要求管理者"会"、"能"管理全员的期望（值）。

组织的"说到做到"会影响每位员工"说到做到"，做到诚信、自信。使全员能够制订有效目标（可达成性和挑战性兼具），并一定达成。

管理好全员期望（值），要对全员制订高标准，并且严要求！全员会在高标准、严要求下快速成长、成就，从诚信为基，到意愿强烈，到能力具备。

管理好全员期望（值），使每个人都能够明确自己的成绩和成果都是因应组织的结果，都是成员间相互协同匹配的结果，不夸大也不贬低每个人对组织的作用和贡献。

公平、公正地分享机制将是关键，分享组织的"名"和"利"！组织必须赋予有效激励，更重要的是导向，导向比激励更加重要。要真正使群众公认，为组织创造最大"名"和"利"的员工脱颖而出，对组织负贡献和作用的员工也"脱颖而出"。

这样，全员的期望值将会被有效管理。

（3）全员也必须"会"、"能"管理自身期望（值）。

组织的期望（值）管理一旦被有效建立，组织中个人的期望（值）管理将被有效激发。形成人人挑战高目标，人与人之间协同匹配的格局。

当然，选择比培养更重要，组织选择员工时一定要建立意愿大于能力的选择和选拔机制。以诚信和感恩作为选人第一要务，这样的人才可以培养，也是全员实现管理自身期望（值）的基础。

实际上，期望（值）管理从某种意义上而言就是感恩！

所以，管理期望（值）就是做到感恩，一个组织的期望（值）管理就是建立一个感恩组织，一个个人的期望（值）管理就是成就一颗感恩之心！

期望（值）管理＝感恩！

第五章　管理会计如何促进产业链协作

用杜邦公式审视企业内部，核心要素是以投资回报率为核心价值衡量的基准。从企业外部产业链视角看，无论"买"——采购，还是"卖"——销售，实际上是企业与外界、与产业链、与社会的一个基于产品要素的联结，也是彼得·德鲁克目标管理中第八大目标"社会责任"的具体体现。

企业价值是以投资回报率衡量，那么，基于"产品链接"和"社会责任"的世界是否也以此衡量？是否只是视角变化和命题有所变化？如何为产业链上的利益相关者"创造价值"？是否也应该站在帮助其所有利益相关者提升投资回报率的角度思考？

正如罗纳德·科斯教授的理论，企业的功能就是降低交易成本。

第一节　什么决定价格

价格是"价值"的市场化和数字的衡量，是最关键的价值创造和衡量要素。

清楚记得，2005 年左右，东风汽车有限公司一家重要的动力总成公司与美国一家著名公司合资之后，该公司派驻了一位台湾籍的高管黄总担任总经理。黄总上任的第一件事就是统筹价格体系的管理。

在为企业提供管理升级服务过程中，价格管理也是笔者的一项重点关注和支持环节，从管理会计角度为企业创造更多经济价值和社会价值，进行精细化核算及推算，以及决策支持。

☆ **典型案例：采购价格与销售价格联动体系**

如第四章第四节所述的企业，我们刚开始介入的时候，采购价格与销售价格的管理几乎是两条平行线，没有联结，或者有联结也是财务部门和总经理，有联结也是事后处理。

正如笔者向企业老板提出的，应该将价格管理基于"利润空间"的百分比和/或单位成本综合考虑。

在上述共识的基础上，我们运用管理会计的相关方法和工具设计了一个基于市况的价格管理的流程，如图5-1所示。

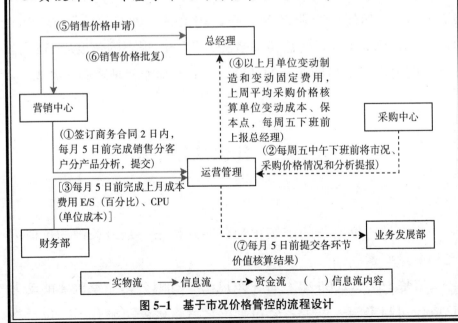

图5-1 基于市况价格管控的流程设计

上述这个流程将企业的采购定价与市场定价进行了有效协同，而且为销售价格设置了几个台阶，类似于激励的台阶，如果单位利润达到某个数值或者利润率达到某个数值时，销售人员可直接现场拍板决定价格；如果低于某个限度，销售负责人才有决定权；如果再低于一定限度，甚至是低于单位利润平衡点（必须有正的变动成本边际贡献），必须经总经理批准，否则追究当事人责任。

☆　**典型案例：金·吉列的剃须刀**[1]

（金·吉列）40 岁时还是一个不得志的发明家，一个愤世嫉俗的反资本主义者，也是一个瓶盖推销员。尽管自己很有想法，精力充沛而且父母富有，但工作表现平平，他将此归咎于市场竞争的恶果……

有一天，他用一把老式的刮胡刀剃须。那把刮胡刀已经老旧了，没法再磨快了。就在这时，突然灵光一闪，他想到了一个点子。如果把老式的刮胡刀换成薄薄的钢制剃须刀片，那又会怎样呢？这样一来，人们可能觉得没有必要花时间磨快原来的刮胡刀，而是用钝后直接把刀片一扔就行了。经过几年的冶金试验，一次性刀片式剃须刀诞生了。

但这种剃须刀并没有马上流行起来。在它问世的 1903 年，金·吉列仅仅卖出了 51 把剃须刀和 168 枚刀片。在接下来的 20 年里，他尝试了各种营销技巧，将自己的头像印在产品的包装上，这使他成为传奇人物也使有些人把他奉为神明。他用很低的折扣把几百个剃须刀卖给了军队，希望士兵们在

---

[1] 克里斯·安德森，《免费》，中信出版社。

战时养成的剃须习惯能够延续到战后和平时期。他还把大批剃须刀卖给了银行，银行可以把它们送给新开户的客户（这就是"存钱送剃须刀"活动）。他的剃须刀还和很多热门产品进行过捆绑销售，包括箭牌口香糖、咖啡、茶叶、调料以及棉花糖。

这些免费赠品帮助金·吉列销售了更多产品，而这种销售策略从长远来说对他的帮助更大。他用很便宜的价格把剃须刀卖给了商业伙伴，而这些商业伙伴自己并不需要剃须刀，就把剃须刀免费送给了顾客，这样一来就创造了对一次性刀片的巨大需求。而你一旦习惯了一次性刀片，那么你的日常生活就离不开它了。

有趣的是，吉列公司免费赠送剃须刀的故事却成了"都市传说"，唯一有记载的例子就是公司在20世纪70年代推出了Trak二代剃须刀，向消费者免费派放便宜的剃须刀和一次性刀片。吉列公司更常用的商业模式是以很低的利润率向银行等商业伙伴出售剃须刀，这些商业伙伴往往在开展自己的产品推广时将剃须刀免费送出，而吉列公司真正的盈利点来自高利润的刀片业务。

吉列公司已经成功售出了几十亿枚剃须刀片。如今，这种商业模式成为很多产业的基石，例如派送手机并出售每月分期付款的商品，廉价出售游戏机并高价销售游戏软件，无偿为办公室安装昂贵的咖啡机并高价卖给经理们咖啡粉等。

从20世纪初这些商业模式的尝试开始，"免费"开始慢慢推动了一场消费革命，并决定了未来几百年的商业走向。纽约广告中心麦迪逊大道的兴起和超市的出现使研究消费者心理成为了一种科学，"免费"是一种可供选择的工具……

金·吉列的案例告诉我们，产品之间的综合匹配最终使企业获得"价值"，有的产品价格远低于"成本"甚至免费，但其他产品承载了"免费产品"的价值分摊，反而可能支撑企业创造更大的经济价值。

现今商业社会，产品与服务的概念，有形产品与无形产品之间的边界及形式越来越模糊，到底什么决定价格，或者通过什么样的形式决定和促进企业价值创造成为经济学界、管理学界、营销学界和相关商业实践者不断探索的领域。

☆ **延伸阅读：什么决定价格**[①]

人们的主观价格左右了所有的决策，但光是一个数字无从表示人们对不确定结果有着什么样的感受。

每个人的生活中都有一套压倒性重要的量值量表叫作价格。大概在公元前 3000 年左右，美索不达米亚人就认识到，他们用的重量单位谢克尔也可以用来表示大麦的重量——或者能用同等大麦数量交换的其他任何东西的价值。这就是金钱和价格的萌芽。

按日常生活的常识看，价格是单一维度的，就像尺子上的刻度。每一种商品在量表上都对应着单一的一点。这些点整整齐齐地把世界上所有东西的价格都排列出来。然而，价格的心理现实并非如此简单。

1. 免费的金钱心理学

史蒂文斯为哈佛实验室里的人讲了许多免费的金钱心理学课程。他在班上提出了一个谜题：假设我告诉你说，我有

---

① 龍——在江湖，新浪博客《什么决定价格》，2011-06-28。

了一个特别基金，我会给你 10 美元。这会令你高兴，对吧？

现在你仔细想一想：要让你感到双倍开心，得给你多少钱呢？哲学家大多对此表示反对，所谓"双倍开心"这样的说法没有意义。但史蒂文斯让学生似乎能毫不费力地按出题者的本意来回答这个问题。不过，他们的回答不见得能叫哲学家大吃一惊，倒是大出经济学家们的意外：平均答案是 40 美元上下。

出乎意外地得到 10 美元是个挺不错的小惊喜。接下来的一两天，你偶尔会想起钱包里多出来的这笔钱，感觉良好。但从现在开始的一个星期之内，你会用掉这笔钱，然后忘了它。

这时，你真能拍着胸口说，获得 20 美元会让你感觉好两倍吗？笔者刚才所说的 10 美元的下场，换成 20 美元也是一样。

这样推理下来，要让人感到双倍开心，必须多于 20 美元，事实也正是如此：课堂上，学生们给出的平均回答介于 35~50 美元。

金钱的收益递减很难说是什么新消息。史蒂文斯发现，100 万美元带来的愉悦感，400 万美元才能让它翻倍。没有哪个经济学家会为此感到有一丁点儿的吃惊。这是些足以改变人生的大数目。金钱能买到的绝大部分东西，100 万美元都够了（至少在史蒂文斯那个年代是这样）。没人会觉得第二个 100 万美元会像第一个那么有意义。

这就是所谓的财富效应。但它解释不了史蒂文斯的小实验。他的研究对象是哈佛大学的学生，他们不少来自富裕家庭，大部分人都有望得到终身的经济保障。从一辈子的角度看，区区几十美元应该毫无意义才对。唯一有关系的事情应当是这笔钱能买些什么。不管金钱跟开心的兑换率是多少，10美元能买到的量，20美元都能买上两倍。"正确"的答案应该是20美元。

为什么史蒂文斯的学生们不这么想呢？显然，他们想的不光是这笔钱可以买什么。金钱本身是一种能产生感觉的"刺激"——其运作原理和史蒂文斯研究的其他刺激差不多。

总体来讲，这一研究证实了史蒂文斯的观点：人对金钱的看法，跟其他感官知觉很像。价格是一套量值量表，下限是零（我们都知道，这就是说某样东西毫无价值），没有上限。不同的特征比（礼物、盗窃等）也是量值量表里很典型的东西。

2. 爱德华兹的背包实验

由于我们的文化对金钱追求得过于疯狂，比起很多东西，我们对它实际上并没那么敏感。许多感觉的增加速度比刺激本身提高的速度要快。要让人感觉重两倍，重量本身只需翻1.6倍（所有举重选手都明白这是啥意思）；要带来双倍的冲击感，电流只需翻1.2倍（这就是为什么用它来折磨人很管用）。而要让金钱带来的快感翻两倍，所需的金钱要更多才行。相对而言，根本就没有物美价廉这件事儿。

价格当然是一套独特的量值量表。我们很看重绝对价值——也就是物品索取的绝对价格。然而，看重绝对值，并不能带来准确感知它们的能力。锚定的花招以及利用对比和暗示营造幻觉的手法，很容易动摇人对货币价值的评估。很少有人预料到，这项研究揭示了一只看不见的手在操纵，误导全世界的金融决策。除了搞心理物理学的，几乎没人对此有所留意。

查尔斯·墨菲（Charles B. G. Murphy），一位品位有些邪门儿的马萨诸塞贵族。墨菲过去是耶鲁大学的足球运动员，斯特林·洛克菲勒（J. Sterling Rockefeller）的朋友，是个非洲探险家、大冒险家、律师兼赌徒。他去世前的最后几年是在拉斯维加斯度过的。为了避税，他先成立了一个慈善基金会。政府向墨菲施加压力，要他把基金会的一部分资金真正投入到慈善事业上，不然别想合理避税。墨菲决心把钱投入他真心喜爱的一项科研主题上：赌博。

墨菲找周围的人打听了一圈，想找个是赌博专家的科学工作者出来。他想到了密歇根大学的心理学家沃德·爱德华兹（Ward Edwards）。爱德华兹提出了一个非同寻常的请求。他和自己从前的几个学生，现在为一家名为俄勒冈研究所的机构工作，想在拉斯维加斯的赌场做一些实验。他们很喜欢在实际环境下对真人做实验。能在"四女王"做这事儿吗？身为主要支持者，墨菲身上有足够的痞气，他暗示得很清楚：这个要求，高福斯坦必须接受，没有拒绝的余地。

爱德华兹最著名的一个实验，用上了两个背包：包里装满了数目相等的扑克筹码。一个背包里装的主要是红色筹码——比方说，70%的红筹码，30%的白筹码；另一个背包里主要是白筹码——比例刚好相反，70%的白筹码，30%的红筹码。你并不知道哪个背包里装的是哪样。你的任务是判断哪一个背包主要装的是红筹码。为了做出判断，你每次可以从一个背包里抽取一枚筹码。你必须根据自己抽取的次数判断概率。这就好比你是庄家，必须报出当前下注的盘口。

爱德华兹让学生做实验，自己则小心谨慎地记下所抽筹码的颜色。

假设你正从一号背包里抽筹码。你抽出的第一枚是红色。问题来了。这个背包里主要装红色筹码的概率是多少？

正确答案比你想的要简单。不多不少正好是70%。但这个实验的本意并不是搞出一道数学难题。大多数决定是靠直觉做出来的，爱德华兹是想看看这种直觉的本能到底有多准确。他发现，人们的猜测往往比正确数值要低。人们没有意识到，单独的一枚红色筹码也可以蕴含着有价值的信息，可事实偏偏恰好如此。

3. 阿莱实验及阿莱悖论

1952年，伦纳德·吉米·萨维奇（Leonard Jimmie Savage）遇到了这辈子最难熬的一顿午餐。萨维奇是个35岁的美国人，来巴黎参加学术会议。桌子对面，坐着一位一脸惊诧的男士。他是莫里斯·阿莱（Maurice Allais），40岁的法国经济学家。

法国人希望萨维奇做个小测试，萨维奇竟然没通过这个测试。

萨维奇是个急性子的统计学家，打算为人如何做决策创建一套理论。他关心的决策大多和钱有关系。他很想知道，人们如何为商品及服务分配价格，如何在其间加以选择。萨维奇想表明有关金钱的决策是（或者说，有可能是）完全合乎逻辑的。可阿莱告诉萨维奇说：他的理论错得离谱。

阿莱就像童话故事里的巨魔怪一样，提出了三道谜题：

谜题一：你愿意选择以下哪种情况？

（a）稳得 100 万美元。

（b）赌一把：旋转幸运转盘。该转盘分为 100 个刻度。有 89% 的机会赢 100 万美元，有 10% 的机会赢 250 万美元，1% 的机会什么也赢不到。

阿莱认为，大多数人会选择（a）稳赢 100 万美元，因为选（b）的话，有可能什么也得不到——虽说可能性很小。显然，萨维奇同意这一看法。

谜题二：这次你的选择是？

（a）11% 的机会赢 100 万美元。

（b）10% 的机会赢 250 万美元。

阿莱认为，大多数人会选择（b）。两者的概率没有太大的差别。你当然会选奖金更高的（b）。萨维奇再次表示了同意。此时，他落入了法国人的陷阱。

这样，我们就来到了谜题三。你面前摆着一个密封的盒子。你会选择哪一个呢？

（a）89% 的机会赢取盒子里的东西，11% 的机会赢得 100 万美元。

（b）89% 的机会赢取盒子里的东西，10% 的机会赢 250 万美元，1% 的机会什么也得不到。

这一招准确地切中了萨维奇的颈动脉。诚如阿莱所知，萨维奇理性决策的一条公理指出，（基本上）决定是选择汉堡包加汽水还是比萨加汽水时，你可以把汽水忽略掉，因为两个选项中都有它。唯一起作用的一点是，你更喜欢汉堡还是比萨。按萨维奇的说法，一般而言，决策者应该忽略各个选项中的共同要素，根据差异进行选择。

几乎每个人都觉得这听起来很合理。阿莱却发现了一个微妙的漏洞。照萨维奇的逻辑，谜题三中的选择跟盒子里有什么应该是没关系的。不管选（a）还是选（b），你都有89%的机会赢得同一个盒子。

这并不意味着盒子里的内容无关紧要。盒子里可能装着10亿美元、一只致命的狼蛛，甚至是你在地铁上碰到的帅小伙的电话号码。但根据萨维奇的观点，盒子跟选（a）还是选（b）无关。人们的选择，只应当取决于是有11%的机会赢到100万美元好，还是有10%的机会赢到250万美元更好。

换言之，谜题三的答案应当和谜题二相同。这还没完。假设我们打开盒子，发现里面有100万美元。那么谜题三中的选择最终跟谜题一相同。一句话，三道谜题的答案应当都一样，不管是（a）还是（b），都该死硬到底，用不着换来换去地折腾。阿莱捉弄得萨维奇违背了自己的原则。

萨维奇说，所有东西，每个人都能得到一个价格（效用）。这些主观价格左右了所有的决策。阿莱认为，人类比这要复杂得多。选择取决于背景，光是一个数字，无从表示人对不确定结果有着什么样的感受。自此以后，这一论证就被称作了"阿莱悖论"。

延伸阅读建议

（1）克里斯·安德森，《免费》，中信出版社。

（2）杰里米·里夫金，《零边际成本社会》，中信出版社。

第二节 创造利益相关者的"多赢解"

一个企业要想更好地发展、创造更大的经济价值和社会价值，就必须跳出企业和产品范畴，站在产业链的角度"重构利益相关者"。

正如管理大师彼德·德鲁克所言："企业的目的是创造顾客"，笔者将其拓展为"创造利益相关者"。

笔者的理解是，顾客必须扩展到利益相关者的角度，扩展到产业链的角度去审视、发掘、拓展、整合利益相关者。按照为利益相关者创造价值的思考和行动，才能促进企业价值的最大化。

笔者将管理大师迈克尔·波特教授的五力矩阵进行了拓展，将教授定义的利润的五大限制因素重新构建为创造利益相关者的示意图。如图 5-2 所示。

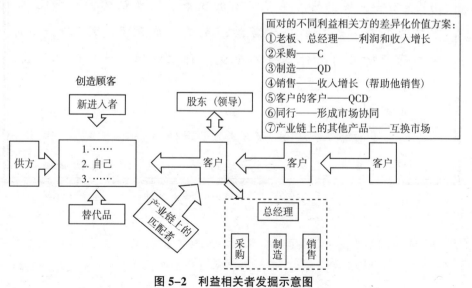

面对的不同利益相关方的差异化价值方案：
①老板、总经理——利润和收入增长
②采购——C
③制造——QD
④销售——收入增长（帮助他销售）
⑤客户的客户——QCD
⑥同行——形成市场协同
⑦产业链上的其他产品——互换市场

图 5-2 利益相关者发掘示意图

在为企业服务的过程中，笔者会利用图 5-2 与企业团队一起共同"创造利益相关者"，挖掘能够帮助企业、支撑企业价值最大化可能的团队、组织或个人。

同时，为利益相关者提供有效的"价值方案"，从而形成"多赢的交易结构"，笔者称之为"多赢解"。

企业的利益相关者越多，企业服务的利益相关者越多，企业就会承载更大、更多的社会责任，企业会更加具备创造更多更大价值、做强做大的基因和基础。

☆ **理解：利益相关者**[①]

利益相关者这个术语是在 1963 年进入文献，由斯坦福研究院首先提出并且被定义为"这样一些群体，如果没有他们的支持，组织将不复存在"。

☆ **理解：企业社会责任**[②]

根据卡罗尔（Carroll）的定义，"企业社会责任包含了在特定时期内，社会对经济组织经济上的、法律上的、伦理上的和自行裁量的期望"。1991 年，卡罗尔用慈善责任代表自行裁量的因素，并且认为它包含"企业公民"的意思。同时，卡罗尔将企业社会责任与利益相关者理论相融合，提出了一个包含企业社会责任、利益相关者和社会回应三个维度的企业社会责任绩效模型。这个模型最大的贡献是将以往人们所争论的关于企业社会责任的观点系统化，并且将企业在处理

---

① 丹尼尔·A.雷恩：《管理思想史》，孙健敏译，中国人民大学出版社。
②《利益相关者与企业社会责任的融合》，源自微信号：金蜜蜂，2014-07-16。

> 社会问题时所应考虑的，但以前是相互独立的企业社会责任、社会有效回应和利益相关者三个维度进行整合，为企业社会责任的议题研究开辟了新视野，构建了一个企业社会责任的整体理论框架。两者的融合形成了我们现在对企业社会责任的理解，即对利益相关者承担的各个层次的责任。

笔者越来越体会到，要想实现一个企业的可持续健康发展，必须从三个角度进行突破：

一是做到"以品质为中心，彻底消除浪费"，真正在产品（服务）品质上做到极致。

二是基于企业所处产业链位置，在产业链上进行准确定位并有效竞合，进行产业和资本有效匹配。

三是通过营销和创新建立差异化竞争优势。

上述三点也被笔者称为企业发展的三大路径！

要实现上述三大路径，必须匹配有效的组织结构，也即选择或建构有效的组织方式将生活力诸要素进行有效匹配。

德鲁克认为：组织的发明作为完成社会目的（功能）来讲，也许跟人类的历史和一万年前发明了将个人的劳动力开始去分工同等重要。

几千年来，人类组织方式的演进可以分为三种状态：

第一种可以称为"家庭式"组织，是农耕文明时代以家族利益为核心"利益亲戚"或家族之间"互惠"的组织状态。

第二种可以称为"权威式"组织，是因为实行"帝制"的"国家"出现，而发展的"权威"组织，依靠个人英雄、领袖或"威权"领导和组织，这也应该说是所谓家族式管理"家长制"

的延伸。

第三种可以称为"契约式"组织，是在商业文明时代，基于人与人的尊严、平等，按照契约精神而产生的，基于"创造价值、分享价值"而分"利"、分"权"的有效组织方式。

21世纪的今天，商业社会的发展使第三种方式必然成为主流，而很多企业发展出现困境或者问题，很大程度上是因为还在用"家族式"或"权威式"组织方式和结构从事"商业"的结果，或者更进一步讲是用"农耕时代"或"封建帝制"管理现代商业文明，这当然会出现问题和困难！

虽然，在企业创业初期通过这两种方式可以实现企业"集权式"快速发展，但企业发展到一定规模的时候，这种组织方式将严重制约企业的发展。

正如通用汽车的这个案例表明的：通用汽车遭遇的人的意义和激励问题。20世纪80年代，通用汽车不得不从一家通用—丰田合资企业身上学习关于工作场所的一些基本事实。通用学到的是：

Each employee of the enterprise has complementary gifts and talents.

企业中的每一位员工都有互补的天赋和才能。

Wealth creation depends on an organization using/developing all these gifts and talents.

一个组织能否创造财富取决于它能否运用和发展所有的这些天赋和才能。

所以，德鲁克得出结论："个人的优势造就社会的福利"，"让个人的长处富有成效是组织独一无二的目的"。而不是只让组织成员服从"家长"或"权威"的意志！

"组织的成果必须包括相对于使命和目标的绩效表现"。如果前述提到的企业使命和目标的绩效表现实现的三大路径是相对正确的话，那么，总结下来，在企业这个组织内部存在三项重点工作：

一是建立共同使命。因为"在组织中，使人发展的真正力量来自于领导者的价值观和诚信品质"。开始时，必须依靠"诚信的领导者"以一颗公仆心来管理他们的组织，只有这样"他们会将尊严植入员工的内心，并努力地将企业的目标与员工的目标联系起来"。"员工的内在意义与企业目的之间的这种联结赋予了员工成长和发展的激情和力量——弗朗西丝·海瑟本将这种激情和力量称之为'精神'"，实际上，更准确地讲，这是建立共同使命。

二是建立创造价值、分享价值的公平公正的激励政策。设计并应用创造价值、分享价值的相对公平、公正，并能够实现"期望值"管理的激励政策。如果说，共同使命解决了人的长远发展动力的话，那么，现实激励就是将共同使命的现实化和阶段化兑现，是强化"共同创造、共同分享"理念，强化按照"契约"诚信地"说到做到"！

集"小信"为"大信"，会真正实践笔者所讲的"企业经营是信心基于信任的传递"了。

三是建立创业型组织或平台型组织。德鲁克讲"组织得井井有条的企业已经成为现代经济和社会的创业中心"。所以，基于内部价值链和外部产业链的内部"合伙人"和外部"合伙人"的有效组织是核心和基础，要按照"君主立宪制"或者直接是"联邦制"建立组织方式和结构。鼓励"知识工作者"在企业内部创业，发挥企业中每个人的长处并互补匹配，让组织中的每个人都成为组织中他的领域的创业者，成功的企业就是为每个组织中的员工搭建企业内的创业平台，而且只有如此，企业也才能够走向成功。

上述三个要点可能还不足够，但做到上述三点的企业一定会成为令人尊敬的企业。因为，这样的企业尊重每位员工，尊重每位客户，也正因为如此，这样的企业一定能够按照前述的三大路径走上可持续健康发展之路。

☆ 典型案例：牧场小镇的 0 成本项目拓展

还是本书前文中自己干不如外包的典型案例中的企业。我们越工作到后面越发现，企业的副业——"游、创"可以反过来对牧业这个主业快速复制和推进起到关键作用。

因为这里面有一个关键的未被唤醒的所谓"渴点"需求——都市人的田园生活梦。

这个需求实际上来自我们十几个投资人的一个简单想法，在流转的农村土地上盖上一栋房子，种上一亩三分地，休息的时候去住住，平时还可以吃上自己种的有机放心蔬菜……

同时，这也源于牧业公司旅游住宿的需求，如果公司统一盖房子，需要巨大的资金。

这个想法在公司第二个牧场（1400 亩）向一些朋友谈起时，得到了快速响应：①完全不违规，在国家 7% 的农村住房用地的红线内；②完全以成本价格帮助他们圆自己的田园生活梦，流转土地多少年，他们房子的使用期就是多少年，如果能够继续流转，则房子使用权继续属于"业主"；③户型有 8 种，最少为两层四室两厅五卫的实木房子，而且交房是按照装修和电器配齐的形式，有三种规格简装、实用、豪华，当然价格也有差异，内部设计可以 DIY；④这栋房子还包括 1 亩土地，这块土地根据公司的统一规划每年种植"小菜"，全部供"业主"享用；⑤有两种回馈方式可供选择，一是10年固定成本回馈，二是按照"业主"不使用而作为"旅馆"出租时的租金的40∶60（业主分享60%）的形式动态反馈……

这个方案一经推出，10栋房子立刻被全部预订。

基于上述这个成功的实践，我们将"游、创"业务从主业进行了拆分，单独组建了一个牧业小镇公司，未来设想在城市周边建设10个牧业小镇，1000亩50栋房子预售，解决200张（每间两张）旅游床位问题，实现牧场0成本拓展。

每个牧场按照最经济成本和产出再为公司主业提供500头左右的奶牛空间，主业反过来又促进辅业旅游发展，这样，主业与辅业实现良性互促、互进。

☆ **典型案例：裂变式创业**①

1. 引言：屋漏又逢连阴雨

"老板，这是我的辞职信，我要去寻找属于自己的天空了。"

2004年的某一天下午，芬尼克兹公司销售总监平静地说道，而作为老板的宗毅此刻却怎么也平静不下来。芬尼克兹创业还只有2年，正在全力穿越创业死亡谷的征途中，"拆东墙补西墙"借来的流动资金眼看就要"吃了上餐没了下餐"，正在危难之际，没想到他一直委以重任的销售总监又给自己来了个突然袭击。这让宗毅大伤脑筋，千方百计挽留却不见任何成效。要知道，芬尼克兹80%的客户资源掌握在此人手中！而且此人对企业的关键技术与弱点了如指掌。得力干将

---

①《芬尼克兹：内部创业如何激活组织活力？》，微信号：幸福粥，2016-03-14。

想自立门户当老板也就罢了，问题是干的还是跟老东家一样的产品，不仅带走团队，还策反客户，一下子让创业刚有点起色的芬尼克兹陷入不利态势，这无疑给宗毅带来了巨大的打击和深深的痛苦。

销售总监一走，芬尼克兹的产品销售顿时陷入窘境，整整几个月既没有订单，也没有客户主动联系。"他和客户的关系甚至比我还熟。"宗毅有些无奈地说。

做过财务总监的创业合伙人张利补充说："买过芬尼的客户都不知道如何再次联系我们，因为离职的销售总监是他们和芬尼之间的唯一桥梁。"

宗毅百思不得其解。"他的工资比我这个当老板的还高，可怎么劝都留不住。这是怎么了？"原本与自己并肩战斗的兄弟突然成了最可怕的竞争对手，宗毅心有余悸。

他和创业搭档张利开始认真反思：如果类似的事件再次发生怎么办？要怎么才能留住这些人才并激发他们的能量？

2. 反思：王侯将相宁有种

与其埋怨他人离你而去，不如反思自己如何进步。2004年，芬尼克兹的销售额突破 3000 万元，基本解决了温饱问题。这在当时对于一个创业仅仅两年的公司而言是相当难得的。

我们正在往上冲锋时，没想到销售总监却跟我来了一个"后院起火"？宗毅意识到，长此以往，得力干将离职创业的一幕还有可能发生，因为自己就是过来人，可谓深有体会。

想要避免人才流失，最通俗常见的做法便是开出高工资。然而这对于刚刚起步，根基尚浅，一切运营都还离不开资金的创业公司而言，可谓是不能承受之重；更何况，对于内心早有想法的员工而言，金钱诱惑阻挡不了他们要离去的脚步。

"想创业的员工，你给再高的工资也没有用。"宗毅在一次媒体采访中吐露自己的心声，"我以前从大公司出来的时候，老板给我多少钱都不可能留下。因为我就想当老大，你想用什么东西收买老大是不可能的。他想去当老板，挡也挡不住。"

3. 小试：初战必捷树样板

宗毅与张利两位创始人在大思路上达成了共识，他们就开始构思如何推动内部变革。能否既有效解决核心员工流失问题又促进公司业务增长？"草鞋没样，边打边像。"先找一个试点项目来探索经验吧。

宗毅在一次业务接洽中发现，企业主打的游泳池热泵产品中有一个关键零部件换热器是向一家做浴池的企业购买的，但宗毅并不太满意他们的产品质量。宗毅发现，欧美市场对这个产品有很大需求，而当时同等的海外竞争产品生产成本较高，芬尼自主研发的钛材质的换热器在成本方面很有优势。有技术、有市场，接下去就该投资生产，宗毅计算了一下，这项目初期投资 50 万元就可以启动，利润率很可能达到 50%以上。可以说，对于芬尼，这是一次保赚不赔的机会。"别人能做的我为什么不能做？"宗毅盘算了一下，他断定，有 50万元，就能把这块业务做起来。原本这个项目可以由宗毅自己投钱来做，但他却希望这钱能挣得更有意义。

宗毅找到了在芬尼克兹已经待了 3 年的韦发森。宗毅之所以选择韦发森，是因为作为生产总监的他，对这个项目早有想法，此次宗毅下决心由芬尼克兹自己来做这块业务，正是等待已久的契机。至于筹资，宗毅要求这个老板必须出钱占股，且越大越好；同时向全公司高管敞开大门，欢迎其他高管参股，规则是 5 万一股，一股起投，这个规矩延续至今。

鑫雷不算是挑战性很大的一个创业项目。作为芬尼克兹后向一体化的成果，鑫雷不需要像独立创业公司一样，从零开始去辛辛苦苦跑业务拉订单，只需要生产出合格可靠产品，自然就有芬尼克兹来接单而不用担心销售问题。所以，2006 年当年，鑫雷所有股东就实现了百分之百的回报。"创新就是敢试，第一年分红我就分了 60 万元，让不敢尝试的人悔到肠子都青了。"宗毅开玩笑道。

鑫雷的成功给企业的员工尝到了不少甜头，也让观望者吃下了定心丸。为今后的内部创业打下了心理基础。"第一次的裂变创业的成功很重要，信心就从第一次来。"宗毅如是说。鑫雷的成功"刺激"了员工的神经，大大激发了他们的创业热情，这个样板工程成为了宗毅和张利开始内部创业的一张通行证。

4. PK：相马不如赛马

2009 年底，家用市场开始变得热门，大金等厂商就借助在家用中央空调市场上的销售量异军突起。芬尼多年来专注于出口市场，有一款冷气热水器产品（冷气热水器是一种新型的多功能热水器，在加热热水的同时，能够像空调一样释放冷气，满足厨房的制冷需求）从 2005 年起就在法国热卖，广受欢迎。此时，宗毅看到了冷气热水器产品的家用商机，而且作为第一代网购用户，宗毅还萌生了网上销售该产品的想法。传统商用中央空调的销售采用 B2B 方式，主要以区域划分的经理负责制为主。宗毅认为，如果能借助"网购"的力量销售芬尼的产品，不但可以打破传统销售渠道不合理的利润分配模式，还能够快速地建立自己的品牌。

想法固然好，可四下里一看，芬尼内部却没有这方面的人才。怎么办？宗毅脑海中仿佛感到有一丝灵感，但还没有个清楚的头绪。

"这是个销售线的项目，用人非常谨慎，不但看他对销售的理解，还要看是否能真正承担起责任。不像生产线，只要人好，基本出不了太大的乱子。"

内部创业大赛的灵感来了。他想通过内部创业大赛方式找到人才和方案。

这些职业经理人当时的日子过得都很舒服，营销负责人年收入就有几十万元。宗毅必须确认，他们是否确实准备好重新开始并且能够承担一定的风险。在创业大赛的整个过程中，宗毅就可以有机会观察他们是否适合去创业。

回到公司的第二天，宗毅就让人力资源部出了个通知：只要是芬尼的员工，哪怕一线工人都可以组队来参加创业比赛。谁胜出，谁就来当这个冷气热水器互联网项目的"老大"。

征集令一出，芬尼内部就炸开了锅，就连扫地的阿姨都兴致勃勃地打听着"组队"的要求。

征集令颁发了，那么内部创业大赛具体怎么实施呢？制定怎么样的赛制才能选出真正出色的创业领军人才呢？

经过一番冥思苦想后宗毅给出了大赛的基本规则。

5. 选举：人民币选才最靠谱

为了使项目方案最终能变现，宗毅希望每位参与者都能更加实战地"融入"而不仅仅只是娱乐性地"玩票"。基于这一考虑，他决定增加"赌注"！大赛新增了"投资额"一项，评委们支持哪个项目，就得写下自己实际的投资额，倘若该项目最终落地，评委必须真金白银拿出这个投资额，若不兑现则重罚，罚金约为2个月的收入。这样一来，项目的生死变得与每个评委的切身利益息息相关，评委们你来我往地唇枪舌战，火药味越来越浓。

另外，按照游戏规则，竞选人也要申明个人投资额度，可以采用期权方式，获得投资额最大者获得晋级，最终获胜者获得资格"组阁"创建新公司。

"改了评审机制后，资本考验人品的时候到了。"宗毅回忆道，"评委们在投资额投票的时候，第一，'他是不是一个好人，会不会拿了我的钱跑了'，平时衡量员工道德水平的标尺一下子就显现出来了。第二，那些老资格、没能力的人不得不靠边站，最终以方案能力说话，领导班子必须支持有想法的年轻人上。"即使只有这两个收获，宗毅也觉得这次创业大赛办得太值了。

第一轮的评选结果是，13个队参赛，第一名拿了105万元，第二名拿了30万元，第三名以后就没有投资了。但作为奖励，宗毅对前四名都给予了2万元的大赛奖金。

经过了第一轮的"热身"，宗毅又借势引入了外部专业的风投和互联网营销人士担当评委，例如IDG的合伙人高翔、阿里巴巴华南区的总经理李建等，竞争氛围更为热辣，芬尼的内部创业大赛"High"翻了天。

很快，按照计划，第二轮评选活动开始了。

第二轮的评选主要是在第一轮的基础上进一步考察竞选方案的可行性。如果说第一轮评审看的是商业模式创新度，第二轮则着重在现金流、盈利能力、财务报表、风险可控等操作环节进行 PK。

第二轮的时候，投资范围进一步扩大到全体员工。这时，比赛的公平性和选出项目的可行性要求就更高，更难以达到了。

思忖两个月，宗毅拿出了一张选票。然而，这张选票并不简单，上头必须书写投资资金额度并签名兑现。如果食言，员工就得被罚款，罚款金额高达年薪的 20%。同时，参加竞选的人作为大股东，必须投入项目所得金额的 10%，谁获得的投资额大，谁就是新公司的总经理。用"人民币"选出来的人德才兼备。这时不会有人因为跟参赛团队感情好，即便认为以后赚不到钱也决定投 5 万元给他们。投钱制度解决了拉票的问题。当每个人拿自己的钱去选人的时候，一定是最认真理性的。最终选出来的团队是大部分人认为能够赚到钱的，意见会比较统一。

"因为关系到自己的利益，投票时徇私枉法、贿选等行为就不会出现了。"宗毅说，"其次，和职业经理人不同的是，这样选出来的总经理更能够全身心投入，说到底，就是把公司利益和个人利益捆绑在一起。"

此外，人民币选票解决了宗毅心中的老大难问题：如何提拔、安置"公司元老"？

　　"在以往，每一次提拔人的时候总有人对我说'轮也该轮到我了吧'，这让我很头疼。"宗毅摊手，"论资历的确是该他，可是他能力不足以应付新事物，人民币选票就变成了员工替我选，还选得好。"在裂变式创业的制度体系里，当老员工看好一个项目，但深知自己能力不够时，唯一的办法就是把钱投给有能力的人，成为新公司的股东。因为是投了真金白银的股东，所以意味着在以后的工作中，老员工不仅不会压制新员工，同时还会给年轻人更多的支持。"让元老给新人挡道和给新人支持，那完全是两码事。"宗毅说。

　　最后，芬尼克兹原出口部部长左向前和他的团队拿到了这个项目，就是现在的芬尼电器。让宗毅没想到的是，第二轮下来，仅员工的投资额就达到了 800 万元，大大超乎所有人的设想。经过权衡，大赛最终把员工的投资额降低到 750 万元，宗毅和张利两位原始股东投入 750 万元。2010 年，由创业大赛孵化出的新公司，一家拥有 63 名股东、1500 万元投资、骨干员工持股超过 50% 的"芬尼电器"成立了，"芬尼 PHNIX 官方旗舰店"也应运而生。两年运作下来，在高端用户当中获得了不俗的回报，冷气热水器的销售利润远高于传统渠道。经过扩张，目前"芬尼电器"在全国的线下体验店达 100 家，二级销售点也达 400 个，圆满实现了创业大赛既定的目标。同时，也就在这样的一个过程里，宗毅慢慢地摸索制定出了内部创业的基本规则，让芬尼克兹的组织架构发生了新变化。

　　6. 规则：无规矩不成方圆

　　新的创业公司属于谁？是必须要严肃考虑的问题，是转型的一个根本问题。所有权问题向来是极易引发内部矛盾的问题，如果不能很好地解决，极有可能会祸起萧墙。

宗毅的做法是母公司不丧失控制权，但用分红权补足了创业团队的股权。芬尼克兹要成立一家新公司，竞选总经理的人至少必须掏出 10%的资金，这样大家共担风险，假如公司注册资本是 1000 万元，对一个打工者来说，100 万元不是一笔小数目，他的投资决策只会是审慎思考之后的决定。

总经理组建五六个人的创业团队，团队成员都必须掏钱来占股，总经理和创业团队加起来拿出大约 250 万元现金，占 25%的股份，这样他们才有资格参与投资这个新公司。然后芬尼克兹的两个创始人宗毅和张利各拿出 25%的资金，他们加起来占 50%的股份。还有 25%的股份是由其他内部创业裂变出的公司的高管和员工来投资，这样他们个人的利益就跟这家新公司的成败绑定了。

宗毅和张利占了 50%的股份，创业团队要把所有零散的股份汇集起来与他俩持平，这种可能性是很小的。另外，新成立公司的董事会只有三个人，各占 25%股份的张利、宗毅及占 10%股份的总经理。这样张利和宗毅就有压倒性的投票权。虽然很多事是总经理带领的团队在做决定，但这家公司本质上还是属于宗毅和张利的，他们并没有放弃这家公司的控制权。当然如果这个总经理说服了张利，那他们的话语权也会比宗毅大，但这是理想状态，可能性很小，因为宗毅和张利是一条线上的一致行动人，这是比较巧妙的设计。

如何设计分红机制呢？这是宗毅整个设计中最精妙的部分。假如新公司有盈利，每年是强制分红的，税后利润分成

20%、30%、50%三个部分。50%的税后利润按照股权结构进行分红，让每个投资的员工都能即时感受到投资收益，不是每个人都希望10年之后公司达到了一定规模再卖掉股份赚一票大的，大部分人更期待年终分红。总经理有10%的股份，因此在这块可以分到5%的税后利润。30%的税后利润留下来作为企业的滚动发展资金，投入再生产。总经理在这部分有3%的权益。20%作为管理团队的优先分红，这块是给管理团队的绩效奖励。前面说过，管理团队共有25%的股份，其中总经理占了10%，也就是2/5。

7. 后记：直挂云帆济沧海

走进位于广州南沙的芬尼克兹创意园，映入眼帘的便是"军令状"舞台和墙壁上五颜六色的卡通画。身穿橙色工服的员工们总是行色匆匆，步伐飞快，像是"打了鸡血"一般，企业处处透着一股奋发向上的活力。

如今，通过内部创业PK产生的芬尼电器已经发展成为国内知名空气能品牌之一，获得2011中国购房者首选家居品牌、中国厨卫电器十大品牌、空气能热水器十大品牌、中国品牌金谱奖等荣誉，如今已经是"芬尼系"成长最快的企业。2015年4月，28岁的张靖经历创业比赛的洗礼与营销实战的磨炼，从创业大赛中脱颖而出成为芬尼克兹采暖事业部总经理，借鉴Uber的共享经济模式，将用户变成粉丝，把天使用户转化为终端导购，让用户家里成为终端体验店，运用互联网思维推广"亲热"品牌，推动HERO系列全直流变频智能采暖热泵地暖行业商业模式创新。

宗毅也开始成了中欧创业营及湖畔大学的明星学员，以颠覆式创新闻名的互联网行业的名人 360 周鸿祎在中欧参加宗毅内部创业答辩时，竟然主动邀请宗毅去北京 360 公司详细讲解芬尼内部创业秘诀。宗毅还被逻辑思维的"罗胖子"誉为传统企业互联网转型最成功的企业家，荣膺美国最具影响力的商业杂志《快公司》（Fast Company）评选的"2014 中国最具创意人物 100"。从成功裂变 8 家公司到打通特斯拉汽车南北充电之路，从互联网大篷车到芬尼粉丝走天下……

2015 年 10 月 22 日 13：30，2015 年芬尼内部创业大赛在芬尼创意园隆重举行。由芬尼内部员工组成的四个团队悉数亮相，给大家带来了一场不一样的比赛。芬尼此次内部创业大赛首次大规模对外开放，近 400 名来自全国各地不同行业精英人士现场观摩，四支决赛团队分别由湖畔大学与中欧创业营大咖亲任导师，对其创业方案进行整体辅导。

比赛现场人气爆棚，除开主会场外，芬尼在创意园还设置了两个外场直播大厅。广州创新企业联盟、广东青英会、共同管理研习社、正和岛、洪兴十三妹等社会知名组织机构纷纷组团前来观摩。现场包括广州市科委人才处处长钟斌、创新委员会副主任詹德村、南沙投促局局长曾镭、湖畔大学资深专家张居衍、创新 50 强酷漫居董事长杨涛、西部机场集团总经理赵亘、共创会会长方永飞等在内的 22 位资深专家担任大赛评委嘉宾。与芬尼往年的裂变大赛相比，此次四支团队由中欧创业营崔欣欣、季攀和湖畔大学邢玮、陈峰分别辅导，中欧导师对决湖畔导师，看点十足。

人民币选海盗——"我们训练头狼，我们生产老板"。芬尼 CEO 宗毅的演讲主题特别抢眼。他就此次净水器事业部裂变创业大赛致辞，宗毅从企业发展历程结合1号店千名员工离职之殇，讲述芬尼克兹裂变创新机制的建立背景，以及以往历届裂变创业大赛的成功案例。芬尼克兹通过内部裂变式创业模式选出了一支能够全身心投入新事业的团队，在总部各种优势支持下创业，成功率远高于一般独立创业，为真正有能力的员工提供机会，实现共享利益，也为基业长青提供了可能。此次比赛冠军团队带头人将得到中欧工商学院创业中心 mini MBA 学习资格，团队成员同时获得现金奖励。

现在，有许多企业前往芬尼克兹公司取经学习。芬尼克兹内部创业模式能否成功复制？"风光无限"的背后是否存在不为人知的隐患？业界的质疑声开始出现：一是交叉持股的风险。随着芬尼不断孵化新公司，企业内部交叉控股，如果某一家企业出现问题，可能会产生连锁反应。如何去规避这种投资风险？在有效激励员工投资积极性的同时，让投资几个项目的员工能合理权衡好不同项目之间的风险？二是内部交易风险。由于内部创业所产生的企业与母公司的内部关联交易是非常频繁的，芬尼公司正在计划上市，如何有效规避内部交易所产生的风险？三是文化传承风险。公司内部创业裂变无可避免地会造成企业文化的连贯性和传递性的削弱。如何在这么多独立自主的新创企业中形成共同的使命、愿景与价值观？

宗毅一直在宣扬："人生在世是稳稳当当在无聊中死去，还是去做一件很酷的事情？"内部创业机制的诞生让宗毅有更多时间去玩一些很酷的事，他又开始疯狂地挑战无边界组织，他在体验"失控"中的快感，他主张：芬尼克兹不做广告，只制造故事。

传统企业能否借鉴内部创业机制，既能解放老板，又能激活员工，激发组织活力，更能实现互联网转型？

宗毅边试验，边布道。他不怕别人学，就怕别人学不会。

第三节　产融结合促进企业发展

王石在 2014 年 4 月 3 日的外滩国际金融峰会落户黄浦的签约仪式上讲话时指出，"我始终认为专业化更有优势。但我从去年发言到今天又有了新的认识，企业无论是做专业化还是做多元化，最终是一个金融问题。"

用友网络董事长王文京在 2015 年中国互联网金融创新论坛作的题为《所有的企业都将是互联网和金融企业》时指出："所有的企业都会是金融企业，其实这个观点我是在前一段时间另外一个大会上听到一个金融专家讲的，当时我听到他这句话的时候，特别震撼，我觉得这句话讲得太对了，不是说所有的企业都要去搞金融产业，但是所有的企业按照企业金融，公司理财的这样一种理念和体系去推进企业资产管理，推进价值管理，今天已经成为可能，而且不光成为可能，今天已经成为必须，如果说一个企业不金融化，不能够很好地对接资本市场的话，这个企业在竞争上至少会缺失一大块重要的竞争优势，所有的企业都会是金融企业。"

确实，任何产业，本质上说都是金融。所以，如果能够有效地实现产业与金融综合设计，协同发展，将会促进企业价值创造的最大化。

☆ **典型案例：经销商同样也可以成为股东**

一家为教育机构提供智慧教学系统的企业，在发展过程中面临的最大问题是资金问题。因为每年大学和各地教育机构的招标从 4 月、5 月才开始，到中标后收到第一笔预付款基本已经到了 5 月、6 月。虽然，年度项目所有的款项一定会于 12 月 31 日前支付到位（政府预算如果不用完第二年会有问题），但是，每年的上半年公司资金压力是巨大的，无论是发放 100 多人的工资还是实施上年项目的采购成本，公司甚至有的时候使用"高利贷"来维持，等待第一笔教育机构或部门的预付款。

所以，公司经过十几年的发展，销售收入只维持在 2000 万元左右，而利润只能达到区区百万元——无法破解现实资金压力，无法实现有效成长。

经过分析，我们认为，该公司产品还是具备较强的市场竞争力的，只是产品的销售几乎只局限于本市（占 80% 以上，虽然这个城市是中国最大的一线城市之一）。

我们设想，通过设计经销商体系和招商，通过产业与金融结合发展，破解现金流现实之困，才能实现企业快速发展。

这里面有一些前提条件，整体智慧教学系统产品还有一定的边际贡献空间，每套系统价格从几十万元到最高 600 万元，如果经销商一年能够销售 500 万元以上，那么经销商利润就会有 100 万元以上。

基于上述这个投资回报率的核算，我们共同设计了经销

与金融协同发展的系统方案:

（1）在中国发达的一二线城市（最好有几所大学，起码有一定的职教学校）发展40~50个经销商（每个城市一家）。

（2）成立一家有限合伙公司，希望有20家相对实力强大的，能够成为这家公司的有限合伙人（LP），每家的认购额度为100万元，不许多，更不能少，这个有限合伙公司作为投资公司未来投资到这家公司，占公司40%股权。

（3）要想成为这家有限合伙公司的有限合伙人（LP），这家经销商必须承诺一定期限内（6个月）完成500万元的销售收入目标，承诺必须完成100万元利润，这样才有认购100万元成为合伙公司有限合伙人（LP）的资格；如果仅是签订了这样的经销商协议，也并不能证明经销商一定能够做到，所以，先期以债权的形式到位100万元，按照1%的月息、6个月的期限为限，如果经销商达成500万元销售收入，实现100万元利润的话，则"债转股"，有限合伙公司正式成立，达成目标的经销商经过市场的"考验"就可以成为有限合伙公司的有限合伙人（LP）。

（4）未来即使公司当年只有10个经销商达成500万元销售收入，也为公司贡献了5000万元收入，加上公司自身已有能力从3000万元提升到5000万元，则公司销售收入就可以实现3倍以上的成长，公司利润将达到近2000万元，对第二年而言，资金压力将几乎不复存在。

（5）有了这样的发展趋势，无论未来公司单独走向资本市场，还是被上市公司并购，无论对公司本身原有股东，还是经销商股东都是巨大的预期。

这个方案中的关键点在于：因为目标达成，销售利润就达到了 100 万元以上，该经销商实际上用了 6 个月时间已经将 100 万元出资额"赚"了回来，而公司用 2000 万元相对较低的成本获得了流动资金，大大降低了公司财务成本压力，实现了共享、共赢。所以说，这个方案实际上实现了方法和人性的有效匹配，实现了产业和金融的融合发展。

这个方案经过讨论和潜在经销商测试后，一经推出，反响巨大，很多经销商希望能够认购 300 万元，但被公司拒绝，公司的现金流问题立刻被有效地低成本解决，公司发展集聚了更多利益相关者的努力和期望……

☆ **典型案例：客户、供方与企业一起协同发展**

一家几乎以纯手工为主的特殊行业提供智能制造设备的技术系统解决方案提供商，经过大胆和脚踏实地的创新，解决方案一经推出，深受特殊行业企业欢迎。因为，这个系统解决方案几乎帮助下游客户节约了 80% 的场地，节约了 60% 以上的人工，而且能够保证产品品质均一、受控。

该公司在创立之初因为是与客户类似联合开发的形式，所以，公司一成立，在接到两个公司的订单时，订单额快速达到了 3000 万元以上，而且约定了非常好的回款模式。

但问题随之出现：

一是公司没有生产场地和必要的生产人员，如果新购置土地建厂，那么无论是时间还是后续的人才培养都跟不上订单交付的时间要求。

二是如果完全委托供应商加工，也担心核心技术秘密泄露问题。

结合上述机会和问题，我们分析了各利益相关者及其诉求，明确了该项目推进的关键要素在于：

（1）知识资本提供者：为该项目的模块化和最终集成提供专业解决方案。模块化分拆智能制造系统设备，是为了分包给不同的经过优选的现实订单不足、能力具备的供方，保证核心技术秘密的受控。同时，不太需要企业本身大的投资和投入，依托现实状态下已经严重过剩的制造业产能协同发展。

（2）产业与金融协同推进方案。能够集成和承载上下游各个利益相关者的利益和预期。

最终，我们设想了如下的方案——产业、金融同步推进：

（1）以金融化模式设计交易结构。

1）以终为始，以未来的"智能制造基金"为"终"，以目前订单井喷的"××行业智能制造"订单为"始"，按照项目运营团队分享较大比例利益为原则（具体比例根据贡献适时商定）：先期根据××行业智能制造项目进展成立"××行业智能制造投资公司"，并以此发起产业链上下游各方参与的"××行业智能制造基金"作为投资方入股××行业智能制造项目，推动项目快速做强、做大。

2）在第一个分产业智能制造投资基金成功运营的基础上，适时切入其他产业。

3）引入政府合作，按照PPP模式构建大的智能制造投资基金，并适时推动智能制造装备产业园（暂定名）。

（2）以产业运营为项目成功的基础：

1）在"××行业智能制造装备项目"中，集成更多知识工作者，通过前期调研和沟通，进行匹配和互补，为"××行业智能制造装备项目"的产品模块化和供方选拔贡献力量。

2）在第一个具体项目落地和交付后，大家在经过合作建立信任的基础上共同评估，成立"××行业智能制造装备投资公司"（暂定名），并以此作为GP发起上下游产业企业参与的投资基金，并按照相应对价投资到"××行业智能制造装备项目"中。

3）同（1）中的第2）和第3）步

上述方案得到了所有利益相关者的响应，目前正在有序推进中，效果如何，让我们拭目以待。

结合多年的商业运营改善的实践体会，笔者总结了四句话：

（1）意愿结构第一。也就是以共同价值观和使命作为纽带，将人与人有效联结，大家基于诚信和信任，为了共同愿景可以组合在一起，结成有效的利益相关者。

（2）利益结构第二。规则，特别是分享规则必须提前明确，这充分体现了分享价值促进创造价值，因为创造价值的前提一定要有相对公平公正地分享价值的机制，这样才能促进利益相关者更加紧密地结合在一起。

（3）能力结构第三。利益相关者必须贡献资源和能力，共同促进价值创造和放大，各方资源和能力的匹配和互补是最重要的，这样就可以有效促进更多、更大的协同。

（4）组织结构第四。组织形式是上述结构明确之后结构化的结果，无论是5000年前基于血亲的氏族部落的"家庭式"组织管理方式，或是进入"帝王"时代权威式的组织管理方式，还是联邦制、扁平化甚至新近所谓的无边界组织，有效就好，价值导向。

这四句话无论是企业内部，还是利益相关者的协同发展环节都是适用的。

基于上述理解，笔者就利益相关者的交易结构设想了一个矩阵式的框图（见图5-3），纵轴是从边际贡献到EVA，再到总资产回报率和投资回报率的价值创造的层层递进的衡量标准，横轴是从现实绩效到未来预期期权、股权再到真正的金融兑现，通过这个框图就可以帮助很多企业和组织去真正地"创造利益相关者"，"重构利益结构"，通过价值创造和价值分享促进企业和利益相关者价值最大化。

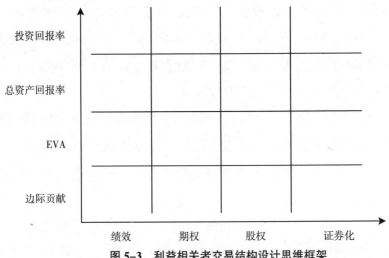

图5-3 利益相关者交易结构设计思维框架

第四节　共享经济，众包模式，从产业链到平台模式

正如《人类简史》作者尤瓦尔·赫拉利于 2016 年 4 月 22 日在混沌研习社讲授《人类的崛起与未来》时讲到的，"我们成功的秘密，不是单打独斗，而是在集体层面上，我们是世界上唯一能够大规模灵活合作的物种"，"这件事情只有人类可以做到，就是可以和陌生人合作"。

"为什么人类是这个星球上唯一可以进行大规模有效合作的物种？因为想象。"

"人类的想象就是人类合作的关键，因为人类可以想象出一些故事，然后进行传播。只要所有的人都相信同样一个故事，所有的人都会遵守同样的法律法规规则。"

所以，合作、共赢是企业（组织）组建的基础，是企业（组织）价值创造和做强做大的基础，站在更大的时间和空间维度"想象"使企业价值创造和做强做大"插上翅膀"。

☆ **典型案例：巴马不识字的少数民族少妇成为老板娘的故事**

2013 年"五一"期间，为了把握健康养老的关键要素，笔者与合作伙伴一起去世界第一长寿乡——广西壮族自治区河池市巴马瑶族自治县考察。

期间我们遇到一个当地不识字的 30 岁左右的少数民族农

妇,被当地村民称为老板娘。

因为近十几年来,各地(广东、华北、东北)养生、度假、旅游的人非常多,很多客户直接住在原住民的家庭旅馆里。

因为多年来这个农妇接待了近百位以上的以退休老人、老夫妻为主的顾客,而且大部分都是回头客。2010年,她突发奇想,能否向这百位已经建立充分信任的老顾客集资盖一所大房子,根据集资的多少,分配房间,这样集资人以后再来这里时就不用出房租了。

她向这些老顾客提出这个想法时,还加了几个前提条件:一是在她们家的宅基地上建房子,虽然是使用权,但几乎肯定大于70年产权;二是她爷爷奶奶、外公外婆都活了100岁以上,她也一定还能活70年以上;三是如果他们不来住的时候,她租出去的租金按照30:70向集资人分配70%,但要根据面积收取一定管理费用;四是她订价格很合理,8万元一室一厅,16万元两室一厅,需要提前交款。

但是,整个方案有一个问题就是,她拆建需要三年,如果这些"叔叔、阿姨"这三年再来度假的时候,只能去租其他人的房子住。

笔者后来问她,30:70的分配比例你是如何想到的?这可是一般旅游地产的商业模式啊。她一脸惊讶,说,本来就应该是这样啊!?

因为她多年来的诚信,她的老主顾共认购了60套左右的住房,她就用这些集资款和她的一些积蓄盖了一栋共10层,每层12套共120套的"大楼"。

　　三年后房子落成，在老主顾们开心地享受"自己"住房的时候，她聘请了一位桂林理工大学的女大学生为她销售剩余的60套房子，因为地理位置的优越和巴马旅游热，她剩下的现房标价为16万元一室一厅，32万元两室一厅。可以想象，很快就销售一空。我们去的时候正好剩下几套尾房，笔者的同伴立刻买下两套。

　　笔者问她，你现在准备怎么办？这位已经升格为"老板娘"的老板说，准备收村子里面闲置的宅基地，再盖房子……

☆ 典型案例：颠覆经销商为合伙人

　　时间回到2008年底，在笔者还是东风汽车公司一个子公司分管营销的负责人时，我们准备颠覆传统载货（客）车汽车配件的经销模式，从调研各省的相关汽车经销商的痛点开始。

　　我们发现，压目标、压库存是汽配经销商对汽配生产厂家的最大抱怨，也是影响和制约经销商经营业绩和积极性的关键环节。

　　同时，我们只能给到经销商5%点（最多8%，达成几乎不可能达成的目标任务）毛利空间，结果，这给了"水货"配件巨大的市场空间（他们给到经销商的毛利空间高达25%~30%），市场上90%都是"水货"配件，这成为一个行业"明"规则；同时，这里还有一个"潜"规则，车主不一定懂车和修车，都是司机去"修"车。所有的经销商都是这样告诉司机并由他们转告车主的："原厂配件价格比'水货配件'几乎高一倍，真的就会耐用一倍时间吗？"

　　成为东风经销商的目的，实际上最大程度上成了"挂羊头卖狗肉"——挂着东风经销商的这个"羊头"卖"水货配件"这个"狗肉"。

这个时候，我们觉得，是应该"颠覆"了。

因为"颠覆"可能会"死"，但不"颠覆"一定会"死"。

我们通过充分的市场调研发现，可靠性就是经济性。对于一辆5吨左右标称的载货车而言，每日正常运输毛收入达到2000元左右，所以，车主需求的是，第一不坏，第二有问题马上有配件可以修好、快速上路，至于具体的配件价格，相对于每日的毛收入，则算不上什么了。

于是，我们决定：①颠覆现有经销制，改变为独家代理制度，设置省一级和县（市）二级两级独家代理制度，由过去一个省几个经销商变为一省一个独家代理商；②提高销售价格，达到水货配件2倍以上，为省级代理空间提升到20%，其中10%出让给市、县二级经销商；③帮助省级独家代理商进行全省范围内的招商，帮助其建立紧密的独家二级代理渠道；④改变过去对市、县级经销商不管不问的状态，与其一起进行汽车保有量调查和分析，提供配货建议，为全面铺货打下基础，促进"要货有货"；⑤严控串货和掺假，省级独家代理商交纳统一的保证金，发现一次扣款，两次取消代理资格。

这其中一个关键的难点问题是，80个左右的经销商将会被砍掉一大半，而如果独家代理实践不成功，又打击了大部分经销商的士气，则公司的配件营销会更加困难。

但，再困难也必须改革，必须变革。必须变代理商为公司合伙人，平等的合作伙伴。

我们抱着最低的预期启动了在武汉市的"独家代理盈利系统说明会",结果,大大出乎我们意料的是,各个经销商反应比我们预想的正面得多,因为他们也被这个行业多年来形成的"潜规则"压得喘不过气来了,他们也希望改变——原有的经销体制下,整个链条上的利益相关者都难以获利,好像只是一个个的搬运工和保管员。

两天的招商会结果大大好于我们的预期,根据我们设想目标与代理商承诺之间的平衡,最终我们在 18 个省确定了独家代理商(其他省后来又组织了一次招商,同时,也黯然神伤地砍掉了大部分经销商)。订单额度比上年实际销售收入翻了 4 番。获得了大量保证金和首批进货款,为公司的现金流改善提供了重要支撑。

★ 典型案例:温氏集团"公司+农户(或家庭农场)"产业分工合作模式(以下为长江证券的分析报告摘录)

温氏集团前身为 1983 年创建的新兴县簕竹鸡场,历经 30 年已发展成为国内最大的畜禽养殖企业,以黄羽鸡和生猪养殖为主,以奶牛、肉鸭养殖为辅,并兼营乳品、熟食、冰鲜产品和农牧设备制造销售。2014 年公司生猪和肉鸡销量分别为 1218 万头和 6.97 亿只,市场占有率分别为 1.66% 和 8.51%,居行业首位。温氏集团以换股方式吸收合并大华农事项已通过证监会审核,本次吸收合并完成后,集团业务将覆盖上游饲料生产、兽药研发、农牧设备——中游畜禽养殖——下游食品加工产业链全环节。

2014 年温氏营业收入为 380 亿元,5 年复合增速为

11.7%；2014 年温氏净利润为 28.8 亿元，5 年复合增速为 6.82%，公司营收和净利水平遥遥领先其他畜禽养殖公司。

全员持股制致温氏集团股权分散，集团共有股东 6872 名，温氏家族（共 11 人）为实际控制人，共计持有公司 15.92% 的股权，其中温鹏程持股比例为 3.29%，吸收合并完成后温氏家族持股比例上升为 16.71%，温鹏程持股比例上升为 4.16%。

1. 稳居畜禽养殖龙头，体量持续扩张

温氏集团是国内最大的畜禽养殖企业，其中生猪和肉鸡是公司主要养殖品种，2014 年生猪年出栏量达 1218 万头，肉鸡年出栏量达 6.97 亿只，市场占有率分别为 1.66%、8.51%，居行业首位。公司计划在未来 3 年内实现生猪年销量 2000 万头以上，肉鸡年销量 8.50 亿只以上。

2004 年以来，公司逐渐将肉鸡和生猪养殖模式成功拓展到肉鸭、奶牛和肉鸽领域。除奶牛采用自繁自养模式外，公司其他产品均采用紧密型"公司+农户"（或家庭农场）模式。

（1）生猪养殖方面，公司是全国规模最大的种猪育种和生猪养殖企业，主要养殖品种为长白、大白、杜洛克和皮特兰。

温氏于 1997 年涉入生猪养殖业，相对肉鸡养殖起步较晚，但扩张更快，2013 年生猪成功超越肉鸡成为公司养殖第一品种。2014 年公司生猪类养殖营收为 186.71 亿元，其中商品生猪营收占比 96.53%，生猪类养殖营收占总营收比例为 49.13%。

种猪环节，截至 2014 年底，公司拥有 15 个原种猪场（其中包括 1 个国家级和省级核心育种场、3 个省级核心育种场）、47 个扩繁猪场、141 个父母代种猪场和 1.78 万户生猪合作养户；公司拥有存栏种猪约 93.99 万头，其中，核心群种猪约 2.10 万头。按照公司母猪 PSY 23 和仔猪成活率 94% 计算，公司存栏种猪年可提供仔猪量为 2032 万头。

商品生猪环节，2014 年公司商品生猪产能为 1531 万头，产量为 1218 万头，产能利用率为 79.60%。同期全国生猪出栏量为 7.35 亿头，温氏集团市场占有率为 1.66%，居行业第一。

（2）肉鸡养殖方面，公司是全国规模最大的黄羽肉鸡产业化供应基地和国家肉鸡 HACCP 生产示范基地，形成了种鸡—苗鸡—商品鸡一体化的产业链，养殖品种多达 21 种。

公司拥有 6 个祖代种鸡场、84 个父母代种鸡场、7 个肉鸡场和 3.27 万户肉鸡合作养户；公司拥有存栏种鸡约 1288 万只，其中，核心群种鸡约 7 万只。2014 年公司商品肉鸡销售量达到 6.97 亿只，占全国商品肉鸡出栏量的 8.51%，占黄羽肉鸡出栏量的 19.10%，居行业第一。肉鸡类养殖总营收达 171.26 亿元，占营收比例为 45.07%。

其他养殖业务方面，截至 2014 年底，公司拥有 1 个祖代种鸭场、7 个父母代种鸭场和 1111 户肉鸭合作养户，2014 年肉鸭销量为 1699 万只，销售收入为 7.73 亿元。公司拥有 3 个奶牛场，存栏奶牛 1.36 万头，2014 年原奶销售量为 3.75 万吨，销售收入为 2.24 亿元。

2. 温氏模式解读——轻资产、全产业链、全员持股

温氏集团能够成长为畜禽养殖龙头得益于其独特的发展模式——温氏模式。具体来说，温氏模式主要包括三点：①推

行紧密型"公司＋农户"（或家庭农场）产业分工合作模式，轻资产运营迅速扩大养殖规模；②全产业链运营，提高生产效率；③实行全员股份合作制，激发员工生产积极性。

我们认为，通过温氏模式，温氏集团真正解决了养殖业大规模化而因技术跟不上导致的高成本难题，即在大规模养殖基础上实现了家庭农场式的精细化管理。

3. 推行紧密型"公司＋农户"模式，实现双方优势互补

紧密型"公司＋农户"（或家庭农场）的产业分工合作模式是温氏集团养殖规模能够快速成长的根本原因。紧密型"公司＋农户"（或家庭农场）的经营模式的特点可以归纳为三点：①在操作方法上，公司与农户以封闭式委托养殖方式进行合作，由集团作为组织者和管理者负责产业链种苗生产、饲料生产、疫病防治、技术服务、回收销售等环节，而农户负责畜禽饲养环节。②在利润分配机制上，公司采用价格保护制度来保证合作养殖户的养殖收益。③在风险控制上，通过封闭式委托合作方式分解产业链风险。

紧密型"公司＋农户"（或家庭农场）模式有效实现集团与养殖户间优势互补，公司负责养殖的规模化战略推进，农户负责养殖的精细化运营，并通过价格保护制度和风险控制制度，保证合作的稳定性。

在操作方法上，公司与农户以封闭式委托养殖方式进行合作。具体分为6个步骤：①申请开户。由具备建设标准化养殖场资金和土地的农户申请签订合同，经公司考察合格后将为申请人建立账户并对其建设统一标注化的养殖场提供技术支持和相关设备。②缴纳保证金。集团向养殖户收取肉鸡

5元/只，生猪400元/头的保证金，用来做集团周转资金，并在养殖户领取仔畜、禽苗、饲料、疫苗前对养殖户进行培训。③领取仔畜、禽苗、饲料、疫苗。养殖户向集团发放仔畜禽、饲料、疫苗，并签订养殖合同。④标准化养殖。养殖户按照集团的要求进行标准化养殖，集团提供养殖全程所需饲料、疫苗、兽药和免费技术指导。⑤交付成品。养殖户向集团交付达到标准体重的生猪、肉鸡和肉鸭，集团对交付成品的相关质量和重量指标进行检测和记录，作为结算资金的依据。⑥资金结算。集团根据养殖户的成品交付记录、合约价格、仔畜、禽苗、饲料、动保产品的领取记录等对养殖户的资金进行统一结算，将结算余额打入养殖户账户。

在利益分配上，温氏集团主要通过价格保护制度与农户和经销商打造利益共同体，实现双赢。①在合作农户利润分配方面，集团在与农户签订养殖合约时即确定了领取物资和成本的价格，保证农户平均收益约为3元/羽鸡、170~190元/头猪，并且将部分额外收益返还农户，从而使农户收益与市场价格脱钩，保证农户收益的稳定性。②在合作经销商利润分配方面，集团保证经销商收益为0.2元/羽，且对大经销商发放年终奖，与经销商利益共享。

在风险管理上，温氏模式通过产业链风险分割和全程控制的方法实现风险最小化。具体为：①将产业链风险分解为市场风险、政策风险和养殖风险。其中市场风险、政策风险和疫情风险全部由公司承担，农户仅承担少量养殖风险。产业链风险分割使集团和农户分别专注于具备比较优势的风险控制环节，进而降低全产业链风险。②对产业链风险实行全方位控制。通过标准化养殖、全产业链经营实现产业链风险全程控制。

……

温氏的紧密型"公司＋农户"（或家庭农场）模式之所以能够成功，很大程度上是因为实现了共赢，从投资回报的角度，运用杜邦公式和管理会计分析，就是利益相关者单干都不如一起干投资回报高，大家都合算——"帕累托最优"：多方共赢，无一方受损。

☆ **典型案例：微信公众平台策略公布，力推全行业价值**①

2013 年 7 月 3 日，腾讯合作伙伴大会在北京国家会议中心举行。当天下午，微信团队在"微信·公众"分论坛上介绍了升级的公众平台策略：现有公众平台账号将分为订阅账号和服务账号，根据账号属性实行不同的群发信息推送管理机制。"用户体验依然是公众平台的基石"，微信产品部助理总经理曾鸣在现场表示，希望通过优化的信息呈现形式，让日渐喧闹的微信回归沟通本质，提升用户体验，构建微信的良好生态。

据悉，除了公布微信公众平台策略，数十个微信公众账号现场分享了"微信攻略"，其中除了招行银行、广东联通、南方航空等大企业标杆典范，"出门问问"、"百世汇通"等热门应用的开发者也带来了创业团队的"微信服务心得"，如何实现微信公众平台的全行业价值成为此次分论坛的重要议题。

---

① CNET 科技资讯网，2013 年。

1. 微信生态核心是给用户想要的

"微信公众账号平台面临的最大问题是信息过载"，知名IT评论人魏武挥曾表示，不分主次的信息轰炸将用户的时间严重碎片化。

"此次公布公众平台策略正是着力解决这一问题"。微信产品部助理总经理曾鸣在活动现场表示，让人们免于信息骚扰的方式有二：主动索取或者精准推送。主动索取将选择权交到用户手中；精准推送则不仅要挖掘出用户是谁，还要挖掘出用户现时现地需要什么。

据了解，根据微信公众平台的新策略，服务号每个月只允许发一条信息，但下发信息可以即时提醒客户。而订阅号仍可以一天发一条消息，但用户则不再显示推送提示，并将合并纳入"订阅号"的归类菜单内，不再与个人沟通信息混杂显示。"我们希望让用户和公众账号选择他们需要的"，曾鸣表示。

有行业观察人士认为，在这种调整下，对账号运营者来说，如何找到自己的核心价值至关重要：重视内容将提升用户互动活跃度，并借助微信日渐优化行业生态，深度挖掘自己的发展价值，创建用户、商家、平台都有利的生态体系。

2. 不断提升服务承载能力

对微信团队来说，作为一个信息流转平台，沟通、互动和服务才是微信公众平台的本质。

在分论坛的圆桌会议上，与会人士指出，虽然这些成功案例运营的内容和模式各有不同，但无一例外是在"服务"而非"营销"上做文章。如"南方航空"提供的每个功能都支持通过发送语音信息进行办理，"广东联通"推出集成业务系统的官方微信，满足"查、交、办、咨、投、辅"的用户需求。

"企业的微信公众号，首先要做好服务的工作。"中国社会科学院信息化研究中心秘书长姜奇平认为，每个企业应该有自己的特色，定义微信服务时，其实更应该关注，能为企业的用户做什么，"只有满足用户价值，才一定有商业价值"。

对此，曾鸣表示，微信公众平台将持续打造精品化战略，微信正在和各个行业进行探索，主要包括教育、金融、政府、银行、运营商、快递等与普通用户密切相关的领域。对用户来说，仅需要安装微信就能充分满足多场景下的不同需求，无须再往手机里安装各种冗杂的 APP 应用。未来，我们还将通过与企业的深度合作，开放自定义菜单，不断提升服务承载能力。

据悉，腾讯互联网与社会研究中心在当天同步启动了"自媒体精品百人计划"，首批优选 20 位优秀的自媒体提供支持。该计划将整合包括腾讯网、新闻客户端、手机 QQ、微信、微博、QQ 空间以及 QQ 浏览器在内的腾讯优质资源，支持和帮助自媒体获得更好地发展，为用户提供更精品化的服务。

3. 力推全行业价值扶植创业团队

"再小的个体也有品牌，我们希望看到的是全行业的精彩。"开放了 API 的微信公众平台，让微信公众账号拥有更大的发挥空间。订酒店、订电影票、美食推荐等，针对不同用户需求所诞生的微信公众号如雨后春笋般出现。如正在微信平台成长起来的应用"出门问问"，借助微信天然的语音入口为用户提供口语化的语音搜索、深度的分析和全面的生活信息，获得用户的关注和认可，从众多初创企业中脱颖而出。

"微信公众平台的生态是完整的，不仅服务于行业标杆的大型企业，同时打造行业标准，为中小型创业团队提供可以借鉴的范式。"这正是微信的创新之处：共享 4 亿用户的账号体系、推送通知、通信传输、地理位置、安全支付等基础服务，简化生产流程，让企业和媒体专注于服务（精品内容生产、技术创新和精准的服务提供）。

"微信应该是一个工具化的产品，有什么作用应该让用户去诠释它。"腾讯集团副总裁张小龙曾表示。魏武挥则从广州公安、南航等企业的微信之路中发现，微信公众平台能够让APP 轻量化，建立起用户和企业轻量连接，确保服务随时、随地，随叫、随到。

有行业人士预测，如果未来，微信公众平台能够提供更好的数据挖掘，并开放出来，用户和微信公众号将各得其所，用户获得自己想要的内容和更好的个性化定制服务，品牌和微信公众号因此也具有更大价值，微信则将是一个更具茂盛生态魅力的系统。

☆ **理解：帕累托最优（Pareto Optimality）**[①]

帕累托最优（Pareto Optimality），或帕累托最适，也称为帕累托效率（Pareto Efficiency），是经济学中的重要概念，并且在博弈论、工程学和社会科学中有着广泛的应用。指的是资源分配的一种理想状态，假定固有的一群人和可分配的资源，从一种分配状态到另一种状态的变化中，在没有使任何人境况变坏的前提下，使得至少一个人变得更好。帕累托最优状态就是不可能再有更多的帕累托改进的余地；换句话说，帕累托改进是达到帕累托最优的路径和方法。帕累托最优是公平与效率的"理想王国"。

人们追求"帕累托最优"的过程，其实就是管理决策的过程。管理学所研究的管理活动，其目的是充分利用有限的人力、物力、财力，优化资源配置，争取实现以最小的成本创造最大的效率和效益。在企业单位，企业老板必须保证员工的利益不受损害，在保证员工的合法权益受到尊重的基础上追求企业的最大收益。企业管理活动的过程，实际上也是追求"帕累托最优"的过程。

经济学理论认为，在一个自由选择的体制中，社会的各类人群在不断追求自身利益最大化的过程中，可以使整个社会的经济资源得到最合理的配置。市场机制实际上是一只"看不见的手"，推动着人们往往从自利的动机出发，在各种买卖关系中，在各种竞争与合作关系中实现互利的经济效果。交易会使交易的双方都能得到好处。另外，虽然在经济学家

---

① 搜狗百科。

看来，市场机制是迄今为止最有效的资源配置方式，可是事实上由于市场本身不完备，特别是市场的交易信息并不充分，却使社会经济资源的配置造成很多的浪费。

提高经济效益意味着减少浪费。如果经济中没有任何一个人可以在不使他人境况变坏的同时使自己的情况变得更好，那么这种状态就达到了资源配置的最优化。这样定义的效率被称为帕累托最优效率。如果一个人可以在不损害他人利益的同时能改善自己的处境，他就在资源配置方面实现了帕累托改进，经济的效率也就提高了。

第五节 应用杜邦公式（管理会计）辅助编制战略

上述这些环节搞透、搞懂了，就可以应用基于杜邦公式的管理会计辅助编制战略了。

本书并不是战略工具书，所以并不讨论企业战略的价值观、使命、愿景，也不讨论基于外部环境分析、竞争分析和内部资源条件分析和战略定位，只从基于杜邦公式的管理会计角度的衡量结果和过程目标的数据逻辑结构进行简要梳理和说明。

1. 现状把握

过去一个战略阶段的基于杜邦公式的管理会计角度的数字分析和把握是非常关键的。如图 5-4 所示。

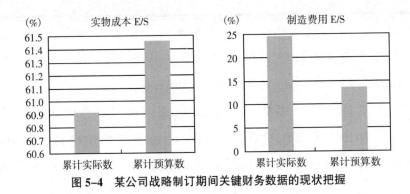

图5-4　某公司战略制订期间关键财务数据的现状把握

2. 确定战略目标：

这其中的关键点在于：①战略性思考往往开始于为公司制定适当的经济（增长）目标；②一个公司基本的目标在于对投资有良好的长期回报；③只有投资资本回报成果良好并且回报率（ROIC）能够持续，组织（企业）才被称为良性增长；④制定不实际的收益目标或者增长计划都将破坏战略。

正如日产汽车公司从2005年开始的为期三年的"Vlaue-up事业计划"的战略目标：

（1）在2007财政年度末全球销售达到4200000辆车；

（2）保持处于世界领先地位的运营利润率；

（3）保持最低20%的投资回报率。

3. 将战略目标落实到具体运营目标中

正如彼德·德鲁克所确认的八大运营目标包括：市场营销、创新、人力资源、财务资源、物质资源、生产率、利润要求、社会责任。

笔者的理解，营销和创新是企业发展的机会所在，是开源环节；人力、财务、物质三大资源是企业拥抱机会和创造机会的资源匹配能力的发掘，是投入环节；生产率是三大资源匹配两大机会目标的效率、效益的衡量目标；利润要求和社会责任是企业向股东和社会的承诺和责任所在。

（1）营销和创新目标。这表征了企业的市场发展潜力和企业的业务拓展潜力，可以按照分客户、分产品环节进行规划，并确定未来几年（每个公司确定的战略实施年份都有不同）的数字化目标。如图5-5所示。

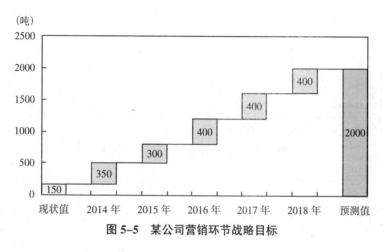

图 5-5　某公司营销环节战略目标

（2）人力资源、财务资源和物质资源匹配目标。三大资源既是营销和创新目标达成和实现的现实制约因素，也是有效的支撑和需要构建的因素，如何基于营销和创新目标匹配资源是这个环节所要综合考虑的。如图5-6和图5-7所示。

（3）生产率目标。生产率目标是衡量三大资源与营销、创新目标匹配效率的环节，包括如质量目标，成本费用削减目标，交付周期和订单准交率目标，等等。如图5-8和图5-9所示。

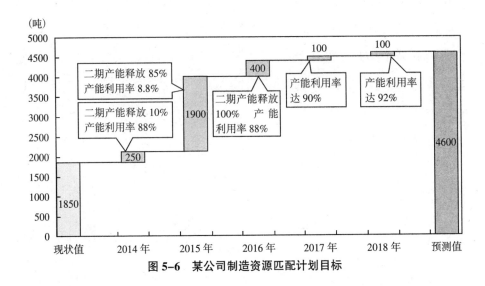

图 5-6 某公司制造资源匹配计划目标

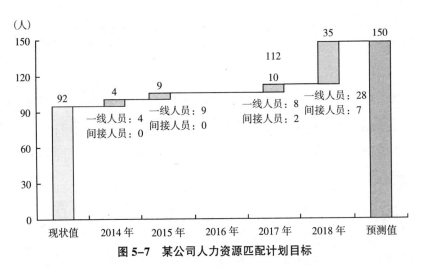

图 5-7 某公司人力资源匹配计划目标

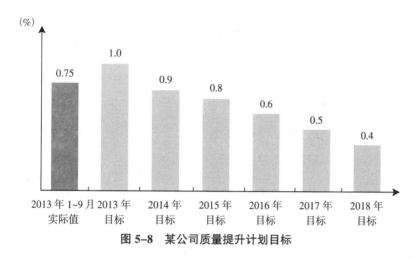

图 5-8 某公司质量提升计划目标

图 5-9 某公司各项成本费用 CPU 改善计划目标

（4）利润要求和社会责任目标。利润要求是企业向股东的承诺，是投资回报率的具体体现的关键结果，相关前六大目标的逻辑和钩稽关系通过利润这个结果体现和验证，所以，应用基于杜邦公式的管理会计的方法和工具就会有效地将相应的利润结果予以呈现。

4. 战略验证

应用敏感性分析法，从众多不确定性因素中找出对投资项目和企业运营经济效益指标有重要影响的敏感性因素，并分析、测算其对项目经济效益指标的影响程度和敏感性程度，进而判断战略实施项目的风险承受能力。

可以考虑将营销目标和相应目标按照"底线、进取、挑战"三个维度进行考虑，并通过杜邦公式进行试算，通过几上几下的多次反复验证，最终确定战略目标。

5. 战略执行计划

其中的关键要素包括：试小样调节定位、价值链的活动与顾客价值的配合、目标方案与目标分解、制定计划、全力实施、动态调节。

战略目标和执行计划落实到年度实际上就是管理会计预算了，所以，管理会计预算很大程度上既是战略落实到具体年度的目标、任务和计划，又是基于实际的动态调节和优化。

所以，在很多优秀的公司，实际上将战略与预算一起编制，假设将战略明确为一个四年计划，则四年做一次大的重新定位和修订，每年在制订年度预算时，同时再对后四年延伸性地进行一次简单试算，这样，再到四年后战略编制大的节点时刻到来的时候，企业再行编制战略就相对简单多了——形成一个战略、预算编制、执行、优化的 PDCA 循环系统。见图 3-14 企业综合经营管理体系简图。

在《成果管理》中，德鲁克先生提出：组织得井井有条的企业已经成为现代经济和社会的创业中心。

这个结论表明了，企业要想成功，就必须让组织中的每个人都成为组织中他领域的创业者，成功的企业就是为每个组织中的员工搭建企业内的创业平台，而且只有如此，企业也才能够走向成功。这也是未来企业制订战略和促进战略一定能够执行落地的关键环节。

"如果商业企业是现代经济的创业中心，那么企业中的每一名知识工作者必须成为创业者。"

不仅使每一名知识工作者要成为创业者，还要使自己和大家成为管理者——只有如此才能实现管理的最高境界：自我管理！"个人企业者必须把企业组织得井井有条，而且在取得任何成功后，他必须亲自肩负起管理者的职责。否则，他的创业成就立刻就会化为乌有。"

虽然"在现代企业中，知识是核心资源，几个高高在上的人无法靠自己的力量万无一失地取得成功"，但"最高管理者不会因此变得越来越不重要，或他们的工作变得越来越简单。相反，他们给他们的任务增加了新的、富有挑战性的内容：领导、引导和激励知识工作者成为卓有成效的管理者"。

要想使企业成功——成为现代经济和社会的创业中心，让企业的知识工作者——团队成员成为共同的创业者和管理者，需要展开如下四个环节的逻辑化梳理和实践：①我们如何真正了解我们的企业；②未来取决于今天；③以机会为中心的企业战略；④以经济绩效为本的工作计划和行动。

1. 我们如何真正了解我们的企业

企业家真正知道"企业经营的是什么、它现在在做什么以及它可以做什么"。

（1）"他的产品或服务打算提供什么样的满足感、它们应能够满足什么需要以及企业为了获得回报需要做出什么样的贡献。"

（2）"为做出希望做出的贡献，企业需要在哪些知识领域做到出类拔萃。为了争取到生存和成功的机会，企业应该可以认识到它们在哪些方面能够比其他企业做得更好。为此，企业需要判断出人们具有什么样的价值观，并决定所需的人力资源。"

（3）"企业为哪些顾客、市场和最终用途提供与众不同的价值；为了接触到这些顾客、市场和最终用途，企业必须发展哪些分销渠道、并像对待顾客一样给它们带来满足感。"

（4）"这些目标在哪些技术、流程、产品或服务领域得到实现，并通过哪些技术、流程、产品或服务领域成为有形和具体的东西。"

（5）"在第一个成果区要求具有什么样的优势。"（注：德鲁克先生所讲的成果区（Resultarea）是指"规模较大的综合性企业中的企业、产品和产品系列（或服务）、市场（包括客户和最终用户）和分销渠道"，第一成果区是指企业在这四个成果区中创造成果最多的环节）

2. 未来取决于今天

"企业需要在最大的机会和成果上集中有限的资源。它们需要做少数正确的事情，并做得出类拔萃。""要发挥企业的优势"。

（1）发展企业的优势：①企业家"可以从理想化企业模式开始，这样的企业可以在可利用的市场上运用掌握的知识，创造出最大的成果——或者企业创造出的成果在很长的时期内，至少对企业来说很可能是最有利的"。②他"可以努力实现机会的最大化，即把可利用的资源集中在最有吸引力的希望上，并运用这些资源，以便获取可能得到最大的成果"。③他"可以实现资源的最大化，从而发现机会，这种可能无法由企业创造出来的机会会让它们可利用的高质量的资源产生最大的可能效果。"

（2）挖掘企业的潜力：①"哪些制约和限制因素让企业变得不堪一击，妨碍企业充分发挥作用和降低它的经济成果？"②"企业在哪些方面存在发展失衡的问题？"③"我们担心什么、我们认为哪些因素对这个企业产生了威胁——我们如何化威胁为机会?"

（3）有意识地把现在的资源投入到未知和可知的未来是企业家的特殊责任——萨伊。①"发现和利用经济和社会中出现的不连续性与它所产生的全部影响之间存在的时间差——有人可能称之为预测已经成为现实的未来。"②"靠新观念影响迄今为止未出现的未来，这种新观念为即将出现的事物指引方向和规定具体的形态。有人可能称之为促使未来成为现实。"

3. 以机会为中心的企业战略

（1）关键性决策第一：①企业的宗旨——对企业本身及其特定能力的描述。"宗旨规定了企业的目标、目的和方向"。"它确定了什么成果是有意义的成果，什么衡量标准是真正适合的标准"。"它需要回答：我们的企业经营什么？它就是什么？将来它必须是什么?"②"与企业宗旨密切相关的是确定反映出企业宗旨的优势。这种优势始终是知识上的优势。优势的定义必须具有广泛性，使企业具有足够的弹性、足够的发展和变化的空间，同时必须具有特殊性，使企业足以集中精力。"③"良好的优先级决策将良好的目的转化为有效的承诺，将远见卓识转化为行动"。"优先级决策是由机会与资源最大化的原则决定的。——企业必须系统化地做出关键性决策，即使这样也只是有机会答对问题。这是高层管理人员不能托付给其他人或交给其他人负责的责任。"

（2）恰当的机会和适当的风险的辩证关系：①"企业必须最大限度地降低风险"。"但如果它的行为是以逃避风险为出发点，那么企业最终承担的风险是所有风险中最大和最不合理的：即什么都不做的风险。"②"我们无法确定我们选择了恰当的机会"。"但我们确信，除非符合以下条件，否则我们选择的机会就不是恰当的机会：重视机会的最大化，而不是风险的最小化；我们必须系统化地全盘考虑所有重大机会，要考虑它们的特点，而不是逐一、孤立地考察这些机会；我们要努力了解什么机会和风险适合于特定的企业，什么不适合；在唾手可得的机会与难以把握的长期机会之间取得平衡，前者的目的是改进，后者的目的是创新和改变企业的性质。"

（3）专业化、多元化和一体化是必由之路：①"每个企业都需要有核心，即在一个领域处于领先地位。因此，每个企业必须是专业化的。但是，每个企业还必须努力从它专门从事的事情中获得最大的利益，它必须实现多元化。"②企业应在产品、市场和最终用途上实现多元化，并在其基本知识领域上实现高度的集中化；或者，它应在其知识领域上实现多元化，并在其产品、市场和最终用途上实现高度的集中化。任何介于中间的模式很可能都无法取得理想的效果。③"一体化常常是实现多元化或集中化的手段"。"前向一体化（以进入市场为目标扩大企业的经营范围）一般会增加多元化的程度；后向一体化（由市场转向制造，或由制造转向原材料）常常是实现集中化的方式"。"无论是前向一体化还是后向一体化，另外一个实现一体化的原因是在经济流程的某些阶段，成本和回报之间出现失衡。"

（4）结构服从于战略：①"恰当的结构不是成果的保证"。"组织机构必须把真正有意义的成果放在突出位置：即与企业的宗旨、优势、优先考虑的事情和机会有关的成果。"②"组织结构把企业的绩效和成果放在突出位置，这是分权经营的主要好处之一。"

4. 以经济绩效为本的工作计划和行动

"要创造出绩效，我们需要一个考虑到整个公司的统一方案，同样，要完成任务，我们也需要一个考虑到整个公司的统一计划。"

（1）德鲁克先生认为，要把企业统一的方案变为绩效，"我们需要卓有成效的管理"：①"这种方案必须转化为有专人负责的实际行动。"②"这种方案必须以企业的实践为基础。"③"我们所强调的经济绩效必须与人们的工作和组织的精神融为一体。"

（2）工作计划同样重要：①"这种计划的基础当然是有关企业宗旨及其目标、在哪些方面具有优势、优先考虑的事情以及战略的决策。"②"工作计划首先根据这些决策确定目的和目标。我们需要什么样的成果？在哪里？什么时候？"③"随后，我们在此基础上分析我们需要付出什么样的努力，并选择投入什么样的资源。"④"接着，我们分配工作。绩效变成有人负责的工作。"

（3）将方案和计划转为现实，人及其工作和精神是实现经济绩效的根本因素：①"如果企业打算重视经济绩效，那么实践证明谁能够有助于公司实现自己的目标和成果，谁能够完成经济任务……企业在选择担任这些关键性职务的人选时就必须对他们实行奖励。"②"让人为的组织以经济绩效为本是非常困难的。但这是必需的"。"经济成果不是经济力量的产物；它是靠人实现的。"

最后，让我们记住——德鲁克先生的告诫："在客观上，企业的发展前景非常好，但不知什么原因没有成为现实。原因总是相同的：企业的创始人或其家庭的价值观、习惯和惯例跟不上企业的发展。除非管理企业的人可以改变他们的观念或习惯，否则企业的经营状况很快会出现恶化。"

企业战略的有效性取决于老板的思维和精神，正如德鲁克先生提出的"企业家精神"。笔者从中国的文化和人性角度，总结提炼了老板思维和精神的三个境界：所谓"三无"——无我、无欲、无畏。

1. 无我——无我则爱

所谓仁者爱人！如果只想着自己个人、自己小家庭，就不可能建立大的时空观——格局（视野），就没有了成就事业的基础。

首先，必须有充分的社会使命感和责任感，为社会和他人做贡献——人总是要有点精神的，这个精神就决定了一个人的格局。

其次，爱天下人。你爱的人越多，你的事业就越大，老是觉得这个人不行，那个人也不行的人，老是觉得只有自己行的人，是不可能成就大事业的。

最后，能够与人合作。不管我喜欢不喜欢你这个人，但我们可以有效合作。只要从心里放下自己，就会装下社会，装下别人，就一定能够成就事业。

爱不是无原则的爱，对不值得的人的爱是对组织最大的伤害，这需要判断力，而无欲、无畏可以作为一个角度的判断标准。

2. 无欲——无欲则刚

利、名、权能否放下，这是老板思维和精神的第二个关键。

在组织中，如果你是老板，本来利、名、权都是你的，难道你还与兄弟们争利、争名、争权吗？如果你是职业经理人，应该是你的老板会给你，不是你的争也无用（起码说明你个人的价值标准与老板不符，你应该反思了），是谓：争为不争，不争为争。

战国韩非讲："祸莫大于可欲"，汉刘安讲"患生于多欲"，宋程颢讲"寡欲心自清"，清黄宗羲讲"少欲觉身轻"。……

无欲不是不要价值分享，在这个能量守恒的世界，是对价值创造的相对公平、公正的分享。这当然是非常难以科学衡量的事，但李嘉诚给了我们答案：只取六分——试想，您做老板的组织中，从您做起，大家都觉得自己付出的少，而对方给予的多——这将是一个怎样和谐、健康、争相创造价值的组织。

3. 无畏——无畏则勇

老板一定是一个不断从"0"到"1"，再从"1"归"0"重新开始的往复循环过程。每一次的重新归"0"都会是一次痛苦的、勇敢的自我否定自己并在此基础上成就新我的"凤凰涅槃"。

但很多时候，有了"1"之后，这个"1"成为抱残守缺、裹足不前的包袱，如果是这样，老板思维一定出了问题。

同理，"1"真正总结到位后，就需要复制，这个时候，老板需要将这个"1"交给团队了，而自己再回到"0"。交给团队去运营"1"，是老板自信的表现，自己再从"0"重新开始，更是自信的表现，也更是无畏的表现。也只有如此，企业才能不断从"1"到"n"。

如果你是职业经理人，如果你老是强调你的独特的、不可替代的个人能力，反过来说明你连勇敢地承认自己不足和改善点的勇气都没有了，说明你已经保守了，你已经从内心对自己的职位没有信心了，所以要"守"、要"保"！而这本来就是"守"不住，也是"保"不住的。

这也正是"彼得原理"在组织中反复出现的根本原因——有我、有欲，导致有畏，从而产生"彼得原理"。

内敛、开放、多赢，则无畏！因为无畏，所以反过来又会强化无我，强化无欲，使自己不断突破昨天的自己，不断突破自己昨天的视野、格局和时空观，也只有如此，您的事业才会更强、更大。

我想，是不是可以说：无我是做人基础，无欲是行为标准，无畏是行动指南。是否也可以说：无我＝无欲＋无畏；是不是可以说，"无"实际反而就是"有"。也是否可以说，企业战略实际就是无我战略……

结　语
管理会计只是一个起点

　　——人性才是一个更重要的起点，也可能是终点。

　　一直以来，笔者对于王阳明的"知行合一"既感觉是清晰的，又感觉是模糊的。

　　近期一直想从人类学或心理学角度对领导（或管理）发挥更大的作用有所突破，又重新对"知行合一"进行了探究。

　　原来，"知行合一"很大程度上是否定程、朱理学的"存天理、去人欲"。

　　王阳明超越时代地提出：人欲即天理。他认为：无论何时、何地，有何种理由，人性都是不能也不会被泯灭的。它将永远屹立于天地之间。

　　这让笔者从另外一个角度理解或者按照现代的管理的要义去理解"知行合一"：企业带头人一定要了解人欲（性），并充分发挥人性中的正面和积极因素去实施有效领导和管理，去有效地创造利益相关者和重构利益结构，促进企业价值最大化。

　　还是笔者在前文引述的弗朗西斯·福山所著述的《政治秩序的起源》将人的自然特征（人性）总结为四个方面：

　　（1）包容适存性、亲戚选择、互惠利他是人类交际性的预设模式。所有的人都倾向于照顾亲戚和互换恩惠的朋友，除非遇上强烈的惩罚。

（2）人享有抽象和理论的能力，以心智模型探究因果关系，又偏爱在无形或非凡的力量中寻找因果关系。这是宗教信仰的基础，而宗教又是凝聚社会的重要源泉。

（3）人倾向于遵循规范，以情感为基础，而不是理性。心智模型和其附属的规则，常被赋予内在价值。

（4）人渴望获得他人的主观认可，或对自己的价值，或对自己的上帝、法律、习俗、生活方式。获得认可成为合法的基础，合法本身允许政治权力的实施。

在此基础上，弗朗西斯·福山指出"人性提供通向社会性的既定途径"，"这些自然特征是社会组织愈加复杂的基础"。

通过不精准的提炼可以总结为：利益亲朋，探究因果，情感价值，社会认同。

如果这是人性（欲），那么，作为领导者就要在组织内部和组织外部的产业链环节为所有利益相关者创造一个公平、公正、尊严地实现人性的平台——共同"赚钱"。

使组织成员能够在平台上：获得社会和组织的认同，分享应得利益和价值，在探究本领域的因果中成就、成长，进而产生"家"的归属感和强大的情感身心力。

使组织内外部的利益相关者在与企业共同成长、成就过程中，同样能够因为与企业的相关而获得社会的更大认同，分享应得利益和价值，反过来良性促进企业更大的成长和发展。

所以，管理大师德鲁克从另外一个角度定义管理：给员工尊严，给员工自由，给员工机会并帮助员工实现机会。

也所以，从利益相关者角度，企业存在的价值就是为合作伙伴创造有尊严、有自由、有更大机会的发展可能性。

正如与一位成功人士交流的，两千年来，佛家告诫我们"戒贪、戒嗔、戒痴"。

从现代领导的人性管理角度而言，新解"知行合一"，则应该是：给利益相关者应该的"贪"、给利益相关者应该的"嗔"、给利益相关者应该的"痴"，企业的使命、愿景、战略目标这些"知"就一定能"行"！

但实际情况是，很多老板其实还是"存天理、去人欲"，存自己的人欲，去别人的人欲。

很多老板经常讲，自己先给税务局打工，再给广告公司打工，再给员工打工，最后才给自己打工！这句话可能过分，但却说出了很多老板表面风光背后的压力，说出了很多老板的心里话，也说出了很多老板狭隘的内心世界！

还有很多老板，企业自己做不大，总把做不大的理由归结为经济危机——大的形势不好，归结为员工没有执行力——小的环境不好！

上述这些老板或者领导者，说的算是小老板的心里话，但其实是犯了成就大事业、创造更多经济价值和社会价值的忌讳！

企业老板或者很多领导为什么痛苦，是因为他们自己有很多欲望，很多的只想满足自己的欲望，影响了他的组织或企业不能做大……

老板心中只有钱——企业或组织就会只有自己挣钱，员工就会想着从你手中挣钱，而不是想着与你一起从客户手中挣钱。如此导向的结果，他们怎么会想到与客户、与所有利益相关者共同创造增量价值，而不是相互从对方"碗里"抢食！

老板心中只有自己——想到多少人，关爱多少人，就能够容下多少人，就能带领多少人成就多少大事，心中只有自己，就只会是自己一个人的事业，员工就只会是打工者，不会成为合作伙伴！

老板喜欢随性所为——企业或组织就难有标准，员工和利益相关者难以适从，不知道如何行动就变成了还不如不动，这变成了老板想到什么时候、什么地方就做到什么时候、什么地方，企业当然也就做不大。

……

笔者见过太多不成功的老板和不多的成功的老板，笔者的结论是，要成为真正的老板，做强、做大事业，一定要灭己欲，成人欲，其事业必成。

老板如果不只想着钱，而是想着责任——承担的责任越大、越多，社会、政府需要你做事就越大、越多，你能做的事就越大、越多，事业就越大越多，不求钱，钱找你！

老板如果不只想着自己，而是想着员工和客户——员工就会与你一起更好地为客户服务，客户为你的服务和价值所感动，大家一起支撑起你的事业！

老板如果不随性所为，而是外部讲机会、内部讲优势，形成组织的独特竞争优势——老板个人成功可以复制，老板创造的商业服务模式可以复制，老板的公司可以复制，事业将一定会做强做大！

因为作为多家公司的顾问，服务过几百家企业，目睹过一些优秀企业内部无论领导和员工都在因为强大的成就感而产生更大的责任感和使命感！

也目睹过更多家企业内部员工没有担当和责任的碌碌无为……

当然，也目睹过一些较为"疯狂"的行为，如曾经有一家公司内部因为其下属一家只有不足 10 人的小型子公司的经营不善

（该子公司多年来连续亏损，资本金都已经亏损为负数），免去该子公司总经理的职务时，被免职的总经理居然组织全员对抗股东和组织决定（当然，其被执行法律程序）！——该公司去处理该事件的领导和员工都说，他（们）疯了吧?！

如何解释这些现象呢？

心理学三个有趣的实践可以为我们探讨一二：

（1）行为—性格—行为：性格是行为实践的结果，如果行为被强化，性格就会不断被强化和养成。

（2）跨门槛现象：从正面讲，先实现一个小小的进步，再要求实现进一步甚至更大的进步就有了心理的基础，并为实现最终成果和绩效目标打下基础。

（3）从众心理：指个人受到外界人群行为的影响，而在自己的知觉、判断、认识上表现出符合于公众舆论或多数人的行为方式，通俗地说就是"随大溜"。而实验表明只有很少的人保持了独立性，没有从众，所以从众心理是大部分个体普遍所有的心理现象。

这三个心理学特征综合起来可以有效解释前述那家子公司总经理纠集"对抗"的现象：

（1）因为多年来上级公司未对该子公司实现有效管理，在连续亏损的情况下，该子公司总经理依然如故在任上连续担任总经理多年，公司的这种行为结果异化了其工作标准的认知，使其认为这就是应该和标准。

（2）跨门槛现象从反面讲，一个小小的违规的尝试（无论是故意还是非故意）没有被打击，使其敢于进行更大的违规的尝试，多年来的"放任"，使其门槛越跨越大，直至变成"疯狂"。

（3）其他子公司也是这样干的——可能是这位总经理的心理

安慰；而员工的盲目从众，也正是从众心理作祟的结果。

当然，我们从此反面现象中必须总结改善，也可以为领导（管理）改善提供借鉴：

（1）领导率先垂范、以身作则：树立正确的行为导向，正如《资治通鉴》所言："楚王好细腰，宫中多饿死"，"百姓观其行而不听其言也"——管理者就是管理导向。

（2）勿以小"恶"而不管：领导者的管理很大程度上是"苗头管理"，发现"苗头"，必须采取果断措施予以制止，防微杜渐；同时，正向上必须运用跨门槛现象，引导员工的自信和相互信任，积小胜为大胜。

（3）领导树立了正确的导向，信、威、权一旦树立，员工"从众"就有了正确的方向，就不会走向组织不希望的方向。

所以，从人性的角度，导向管理 + 苗头管理，发挥领导力的"以身作则"、"共启愿景"作用，就能有效促进企业成长成就。

正如长江商学院的校训"取势，明道，优术"，孟宪忠教授认为企业家的修炼应该是"取势、明道、优术、正心"，笔者都非常认同。

而站在笔者的角度觉得在次序上可以有所优化——"正心、明道、取势、优术"。

正心，修养也；明道，真知也；取势，远见也；优术，实效也。

"正心"，就是认识你自己。认识自己非常难，人的一生其实就是认识自己的过程，认识了自己就认知了世界。

在古希腊德尔菲的一座古神庙前，巍然矗立的一块石碑上镌刻着一句象征最高智慧的阿波罗神谕："认识你自己。"这句简单的名言表达了非常丰富、深邃的内涵。这句名言可作三种理解：

一是人要有自知之明；二是每个人身上都藏着秘密；三是每个人都是一个独一无二的个体。只有认识自己，才能出现一个全新的自我，一种全新的思想、一种全新的状态、一种全新的精神，也可能是一种全新的行为。这是以一种全新开放式思维来应对人生，阐释出新时代的价值标准，更是我们观念更新的全新追求。

"明道"，笔者的理解，人性即为"道"。

所以，明道就是认识他人和这个世界，就是感同身受，就是己所不欲勿施于人，就是认识和匹配现有利益相关者和潜在利益相关者的优势和强项，就是与这个世界分享价值、创造价值。

"取势"重在顺势而为，顺势则事半功倍。"势"虽然往往无形，却确定了方向。有了"心"，明了"道"，"势"才可能为你所用。

实际上，"势"是可以把握的，德鲁克先生从五个角度给出了答案：一是人口出生率的变化，二是可支配收入的不断变化，三是新的业绩定义，四是全球化的竞争，五是经济全球化和政治分裂之间不断增长的不一致性。

另外，"势"是可以创造的，正如苹果手机的出现，使消费者眼前一亮——这正是我想要的。正如老福特所说，如果你去做市场调查，结果一定是比现在马车跑得快的马车。

"优术"。"道为术灵，术为道体；以道御术，以术弘道"。"术"是方法，是策略，是战术，是运营层面上的操作手法，是可以提高效果和效率的技巧。"术"是能力，能力是知识、方法、策略和经验的集合体；"术"也是可解决实际问题的流程和路径，是可以提高效果和效率的技巧。

本书以杜邦公式为核心的管理会计到底是道还是术呢？

从投资回报率这个价值判断的核心基准看，它是"道"，因为这是领导人创设企业的出发点和落脚点，是员工和利益相关者愿意加盟成就共同希望和愿景的起点。

从投资回报率＝（利润空间×赚钱速度×权益杠杆）的要素构成、实现结构和实施路径看，它是"术"，因为它明确的是实现投资回报率的策略，明确的是实现投资回报率的知识和方法，明确的是实现投资回报率的流程和路径。没有这个"术"，"道"的实现也可能就成了无源之水、无本之木。

无论是"道"还是"术"，都需要正确的人（"心"），在最合适的时机（"势"）去知行合一地干。

基于杜邦分析的管理会计方法到底是"道"还是"术"，估计睿智的读者每个人心中都有了自己的答案。

本书能够完成，必须要感谢笔者生命中的所有人。

感谢笔者的父母，与共和国几乎同龄的父母在一望无际的华北大平原长大，生就了河北人朴实、平凡、忠厚、正直的特性，这些性格无一例外地遗传给了笔者和笔者的弟弟。他们是如此类似，他们的父亲都在他们最需要的年龄（10岁左右），在那个"三年自然灾害"的时间相继离世，只留下母亲一人带着他们长大，他们是5个兄弟姊妹，他们结婚的时候，几乎是两个村子里两个最困难的大家庭组合了一个更加困难的小家庭；他们是如此互补，一个是5个姐弟中的唯一男孩子，一个是5个兄妹中唯一的女孩子。

因为太过于贫困，笔者的父亲必须想方设法去做一些小生意补贴家用，还在当年被村子里批为"年轻的走资派"。因为勤俭，后来做木材生意成为20世纪80年代当地有名的"万元户"，我们家成为村子很多第一，如最早买电视机、买摩托车……但无论生意做到什么程度，笔者的父母都一直在教育我们兄弟俩，宁可吃亏，也绝对不占别人便宜。正是因为这样的性格和做事风格，我们家一直是（到现在也还是）村子里面人来人往的集合地。

后来在笔者上高中一年级的时候因为生意转型不当，导致资金链断裂，对笔者的父亲的自信心有很大打击，也直接影响家庭生活。笔者清楚地记得，当时几乎连买条 20 元左右的足球队服都很困难。虽然如此，笔者的父母还是非常坚强地面对这个事实，艰辛地把我们兄弟两人都送上了大学——这也是他们这一辈子最大的骄傲，也是这个村子里唯一的先例。

16 岁左右的巨变对笔者影响很大，更使笔者形成了能够坦然面对一切不如意的现实并更加激励笔者努力坚强进取的性格。

非常遗憾的是，因为年轻时太过操劳的缘故，年龄也只有 60 多岁的父母患有各种慢性病，不得不依靠药物支撑生命，而且将一直与药物相伴到生命的终点。在这里，唯有送上深深的祝福，祝福他们二老多活上几年，让他们在为儿子们骄傲的基础上，能够为再下一代的成长感到更加骄傲。

感谢弟弟李军立和弟妹李敏，是他们一直在替笔者这个长年在外漂泊的长子尽孝。1999 年弟弟刚刚大学毕业，笔者的父亲几乎被"确诊"为肺癌，后来又被重新确诊为肺结核，刚刚参加工作的他在现场喜极而泣。也从那个时候开始，母亲就患上严重的颈椎突出症长达 2 年之久，从那时开始，她的身体就开始连续出现各种状况，几乎各种老年病都有，但无论如何，她都没有被病魔压倒，每一次她都能坚强地面对，这些都仰赖弟弟和后来的弟妹照看。现在，父亲被确诊为心肺病，母亲在其他病魔不断侵扰的状况下，膝盖软骨磨损严重，虽然还能勉强走路，但上下楼已经非常困难。

为了照顾父母，弟弟放弃了在公务员队伍中继续升迁的机会，因为一旦要升迁就必须离开石家庄市到河北省其他的地级市。这激励笔者必须在外面一定要秉承做人做事的优异品格，为更多的利益相关者做好服务，用另外的对社会的一份付出和收获弥补笔者对老人和对弟弟的亏欠。

感谢笔者成长过程中的各位导师。感谢最近 4 年来一直对笔者的成长发挥巨大作用的林钰钊老师和北京润物控股投资公司的董事长陈远先生。林老师这几年一直帮助笔者心灵的成长，帮助笔者在潜意识中突破了自己原有的不自信，帮助笔者能够将自己的知识更加有能量地服务更多值得服务的企业和企业家；林老师帮助笔者重塑了笔者的学习习惯，使笔者从单一的观察型到实现观察型与阅读型并重，能够真正沉下心来阅读经典，在书中与大师共勉；林老师帮助笔者在实践中提升了判断力、决策力和领导力，使笔者能够基于人性、基于方法促进企业和企业家创造更大价值。

陈远先生将自己的企业作为笔者从管理思维到领导思维转型的实验田，让笔者真正能够有机会深入到一个真实的世界去实践和感悟。特别感谢陈远先生的是，在笔者还不一定能够胜任的情况下，由笔者担任他作为实际控制人的上市公司总裁近 2 年，使笔者能够真正从一个集团性质的公司的决策者和运营者、变革推动者的角度与这个世界从心灵这个内在世界和实践这个外在世界两个维度去交互、碰撞和感应，使笔者受益、成长、突破良多。

感谢笔者曾经的合伙人，湖南效果咨询有限公司的杨勇先生，他给了笔者创业的勇气，使笔者敢于"闯荡江湖"的勇气，进而跨入管理咨询行业，并合作开创了"一对多"模式管理升级的长沙模式。

感谢长沙市工信委、长沙市中小企业服务中心的敢于先行先试开创管理升级"长沙模式"的领导和伙伴。他们是工信委的周双恺主任、贺长春委员、廖丽委员、吴纯处长，中小企业服务中心的左军理事长、欧腾主任、刘智丹主任、易伟主任和各位提供过程服务的小伙伴们。

正是他们的敢为人先，使我们原来设想的"黑手党提案训练营"以推动长沙市小巨人企业的管理升级"十百千管理升级擂台赛"这样的载体的形式落地，使我们总结了竞赛学习、团队学习和实践学习的"一对多"管理咨询服务模式。

我们服务的各位企业家们同样是笔者成长的导师，正是与他们开放而无边界的交流、碰撞和相互学习，使笔者收获良多（因为企业和企业家人数众多，这里就不一一罗列）。

感谢中南大学商学院的周文辉教授和王昶教授，正是他们出于信任聘请笔者担任中南大学商学院硕士生导师，周文辉教授还于当年将我们"十百千管理升级擂台赛"的实践活动总结为一本既有理论高度又有实践指导意义的书——《突破瓶颈》。他们两位一直鼓励和推动笔者将多年来推进企业价值创造的方法、工具和实践总结下来，与更多的企业和企业家分享，并对本书的书名和结构提出了很多真知灼见。

感谢在东风汽车公司工作时的领导和导师们。他们是郝义国先生、唐跃青先生、蔡树强先生、陈诚先生、黄建红先生、刘启发先生、虞国旗先生、沈立先生、吴锡栋先生、罗先文先生、杨荒林先生等。

郝义国先生当时任笔者为之奋斗了 14 年之久的动力总成公司的党委书记和总经理，他使笔者在学习、实践和导入日产生产方式过程中学习和提高良多，并能够使笔者进而获得 QCD 改善日产全球金奖和 V-up 推进全球特别奖，使笔者对管理理论、方法、工具和实践有了深入理解和认知。同时，郝总使笔者经历了企业内部所有领域业务，特别是营销负责人的两次历练，不仅使笔者实现了从一个工程师思维向商业思维转型，更锻炼了笔者走向"江湖"的勇气。

唐跃青先生时任东风总部负责导入 V-up 工作的负责人，选择笔者成为第一批东风自主培养的促进者，使笔者从跨职能项目管理的角度对管理、协调和促进的理解更加到位，促进笔者养成了"中立的促进者"、"外部的观察者"的思维、认知和行为特性，使笔者能够更加有效地与企业和企业家"感同身受"，更好地为企业做好创造价值的综合服务。

其他的领导和导师们都在笔者的成长过程中发挥了重要作用，这里就不一一赘述。

感谢与笔者共同成长和曾经共同成长的兄弟、朋友和伙伴们。他们是龙企投资的董事长丁润良先生、总经理胡懿姿女士和其他合伙人欧腾先生、周耀先生、刘新先生、魏仲珊先生、刘喜荣先生、刘黎明先生、欧阳增军先生、綦锋先生、黄得意先生；曾经在东风的老同事又是与笔者并肩作战"闯荡江湖"并一直信任和支持笔者的戴勇先生、李宏德先生、欧阳瑞先生、熊钢先生、张春明先生；我们宜恩健康投资公司的同事陈世辉先生、刘晖先生、郑奋腾先生、梁卓敏先生；笔者在上市公司工作时的同事王为钢先生、袁梅女士、沙雨峰先生、张贵斌先生、李子强先生、祝波先生、李悠诚先生、门晓军先生、孙铁明先生、史耀军先生、钱海英女士、胡博先生、吕猛先生、郭雷先生、蒋卫东先生、尹卫华先生、殷勇先生、谢长江先生、屠建民先生、章成军先生、徐义全先生、李成维先生、姚恩东先生、周启伦先生、杜影女士、封锡胜先生、莫建平先生、戴珊女士、雷有发先生等；

还有笔者在上市公司担任总裁时的技术顾问杨初坤先生和管理顾问陈金龙先生；在重庆工作的领导和同事林上通董事长、王永刚先生、阙宏川先生、杨黎云先生、郑尚明先生、毛战宾先生、陈武军先生、王维女士、许雯女士、唐鸿女士、熊萍女士、王乙龙先生、杨文婷女士、郑晓煜女士等；湖南省股权交易所的领导易卫红女士、沈辉先生、唐启勇先生、薛凌先生、刘琼晖女士、黄聪先生、胡永文先生、曹慧慧女士、祝志平先生、涂刚先生；笔者的事业合作伙伴黄诚先生、谷立霞女士、朱光应先生、伍倬宇先生；曾经一起在东风汽车公司战斗过的同事汪东华先生、刘超先生、朱凤祥先生、杨军先生、朱青云先生、龚为民先生、李久威先生、曾少军先生、夏兴科先生、孙培文先生、杨生龙先生、门斌先生、王剑波先生、郭修锋先生、李霖先生、杨文明先生、王晓斌先生、张文波先生、韩彪先生、马佰臣先生、许斌先生等。要感谢的人太多，笔者这里也就不一一赘述，是他们在生命的那一时刻和时段，为笔者能够更好地走向未来助益良多。

感谢并未在本书中罗列到姓名的朋友们，可能会因为疏忽和遗忘，但笔者发自内心地感谢笔者生命中的每一位朋友，哪怕只是一位匆匆过客。

感谢向我邀书的同行正泽安老师，正是在他几次三番的要求之下，笔者才开始着手写作且一发不可收拾，也才有了今天向各位读者呈现的本书。

当然，最要感谢的还是笔者的妻子和两个可爱的孩子，笔者的妻子何霞女士为了家庭付出太多，在2001年大女儿出生后，她开始了全职带孩子的征程，一度使她活泼好动的性格受到极大压抑。好不容易待孩子长到几岁以后，她又开始上班，没有稳定几年，笔者又放弃了稳定的工作，选择了辞职创业这条充满荆棘艰险的道路。创业第 1 年,可谓险象环生,第一次选择去中山创业时不到 3 个月就又不得不做出其他选择,在排除其他选项选择于长沙在咨询领域创造性推进"十百千管理升级擂台赛"后不到 2 年又不得不做出另外选择,为投资公司服务,探索"融智"、"融资"结合帮助企业创造更大价值的道路,又开始了近乎 3 年多数时间两地分隔的"牛郎织女"式的生活。

可以说,这几年来,"颠沛流离"的生活使笔者感觉到对家庭特别是对妻子亏欠太多。但是,她用她的坚强和乐观给了笔者巨大的希望和动力,在刚刚辞职的当年,她鼓励我,坚持再要一个孩子,为我们的大女儿创造一个"伴",在生活和事业前景非常不明朗的前景下,我们大胆地孕育了我们的二女儿,现在她也已经快 5 岁了。正是妻子的鼓励:"我相信你的能力,未来一定会好,虽然现在我们很困难,但如果等到未来一切都好了,可能我们都年龄更大,更加下不了决心了",使笔者有更大的动力去面对不确定的未来,去努力创造更加美好的未来。

我们两个可爱的女儿一个 15 岁,一个快 5 岁了,她们都非常有爱心。大女儿李嘉祺马上迎接中考,可能是 3 年来笔者陪伴过少的缘故,她学习成绩受到一定影响,但我们这段时间以来一直相互鼓励,充分发挥自己的优势和强项,她要争取好的成绩。笔者要将出版的这本书也算是笔者的一次"中考",我们父女俩开展一次小小的竞赛。我们可爱的小女儿李嘉睿正在上中班,她与爸爸一样爱学习,每天回到家都第一时间坐在她自己选的"白雪公主"书桌前认真地写作业,每天晚上睡觉前都要自己给自己讲 2 篇故事才入睡。而且,她也已经刚刚开始单独分床自己睡了,她真的好勇敢。

感谢书中援引的相关知识和案例的原作者,正是你们在驱动企业价值创造的活动过程中无论从管理维度还是领导维度、无论是理论维度还是工具维度、无论是方法还是人性维度的实践都赋予了笔者实践的理论、方法和工具的基础。从几百年前的亚当·斯密开始，人类为创造价值而进行了卓有成效的实践经验、方法和理论的总结、升华，笔者只是从企业成长实践中、在基于杜邦公式的管理会计应用中选取了其中一小部分，而且绝大部分是实践过程和总结的呈现，很大程度上也并没有经过完全的理论验证，其中错误在所难免，希望各位读者批评指正，你的指正是笔者继续实践的出发点、落脚点和动力之源。

2016 年 5 月 18 日星期三于长沙